GERHARD JÖRG

POWER TO THE PEOPLE

GERHARD JÖRG

POWER TO THE PEOPLE

Die gesellschaftliche Revolution durch den PC

mvg verlag

Die Deutsche Bibliothek – CIP-Einheitsaufnahme

Jörg, Gerhard:
Power to the people : die gesellschaftliche Revolution durch den PC / Gerhard Jörg. - München : mvg-Verl., 1992
ISBN 3–478–07720–6

Umschlaggestaltung: CCW – Wiescher, München
Satz: Redaktionsbüro Peter Felixberger,
Tauber & Bauer Systemberatung GbR
Illustrationen: Hans Limo Lechner, Grafik & Text
Druck- und Bindearbeiten: Graph. Betriebe J.Ebner Ulm
Printed in Germany 070 720/192502
ISBN 3-478-07720-6

Inhalt

Vorwort 9

I. Das Zeitalter des Personal Computers

Kapitel 1
Die Zukunft liegt nicht mehr in der Gegenwart 26

Mit der Achterbahn in die Zukunft 28
Zwischen Hoffen und Bangen 31
Wer kann sich schon sicher sein? 33

Kapitel 2
Ist diese Gesellschaft wirklich so alt? 37

Der Tatbestand 38
Quo vadis? 39

Kapitel 3
„Ego, ergo sum" – der neue Individualismus 43

Freiheit – der Duft der großen weiten Welt 44
Verantwortung gehört dazu! 46

Kapitel 4
Rettungsringe in der Informationsflut 50

Wissen ist mehr als Macht 50

Wie orientiere ich mich an meinem Wissen? 53
Die Welt auf unserer Wellenlänge 54

II. Gegenwart und Zukunft des Personal Computers

Kapitel 5

Einsatz nicht nur in Manhattan - der PC als Partner 58

Der PC – schon ein Alltagsprodukt? 60
Wie sich der PC die Welt zurechtlegt 64
Der PC für jung und alt 67

Kapitel 6

Mit dem PC an einem Tisch 73

Technovisionen 75
Auf den Rausch folgt die Ernüchterung 77
Der PC als Mitte der Kommunikationswelten 79
Vernetzung als Chance 84

Kapitel 7

Der PC bei der Arbeit 90

Was der PC wirklich kann 91
Schattenseite der Erfolgsstory: Der PC in der öffentlichen Verwaltung 97
Mängel in der Kooperation 101
Alle in einem Boot – wie der PC die Kooperation in Betrieben und Organisationen verbessert 105

Kommunikation heißt nicht, daß alle gleichzeitig sprechen 111
Die Bürde des Menschen ist doch antastbar 118
Die sanfte Revolution 121

Kapitel 8

Blickpunkt Management 123

Der PC im Chefsessel 124
Hierarchien – nein danke! 127
Neue Manager braucht das Land 132
Gute Information und Führung sind der halbe Erfolg 136
Für den Rest sorgen gute Kommunikation und Führung 141

Kapitel 9

Die Geschichte von Dr. Feelgood (aus dem Jahre 2010) 143

III. PC-Visionen zum Leben

Kapitel 10

Wer wagt, gewinnt! 152

Ziel 1: Leistungsfähigkeit 153
Ziel 2: Benutzerfreundlichkeit 154
Familienfehden 157
Visionen sind zum Leben da 163
Wer tritt schon gerne auf der Stelle? 166

Kapitel 11

**Der Apfel fällt nicht weit vom Stamm –
die Konkurrenz** 169

Apple und der „Standard“ 171
Forschung und Wettbewerb 176
Anleitung zur Unternehmenskommunikation 181

Kapitel 12

Captain Future oder: Wohin geht die Reise? 184

Klein, kleiner, PowerBook! 185
Neue Formen der PC-Bedienung 190
Der neue PC und seine Märkte 192

Schlußwort

**Künstliche Intelligenz –
Beelzebub oder Retter?** 195

Vorwort

Es mag im ersten Moment immer verdächtig aussehen, wenn ein Top-Manager aus der Industrie über die Zukunft des Personal Computers nachdenkt. Natürlich wird er behaupten wollen, dem Personal Computer gehöre die Zukunft, ohne ihn sei eine konstruktive Zukunftsgestaltung nicht mehr möglich. Es wird gleichzeitig nicht wenige Zeitgenossen geben, die das Vorhaben eher als profilsüchtige PR-Maßnahme abqualifizieren werden. Schließlich will der Manager ja, so deren kritischer Tenor, seine PCs verkaufen, und wieso sollte nicht ein Buch dazu als Werbemittel dienen?

Gestatten Sie mir aber, einen anderen Blickwinkel zu wählen. Seit den Gründerzeiten von Apple gilt diese Firma als „verrückter Laden". Von den Anfängen in einer kleinen Garage, in der die Gründer Stephen Wozniak und Steve Jobs ihre ersten unternehmerischen Gehversuche machten, bis zum revolutionären PowerBook-Computer dieser Tage gilt diese Firma als Ort der Kreativität und Innovation. Unsere Technologie steht im Dienste der Menschheit, und deshalb haben diese Menschen auch ein Recht zu erfahren, wie der Personal Computer die Welt von morgen gestaltet, beeinflußt und verändert.

Es ist daher auch Ziel dieses Buches, nicht nur die Schokoladenseiten der PC-Welt von morgen zu skizzieren, sondern auch die möglichen Schwierigkeiten miteinzubeziehen. Die Hauptrolle dabei spielt selbstredend der Personal Computer, aber nicht nur der aus dem Hause Apple. Viele Akteure, die mit ihm zu tun haben, sind von ihm überaus fasziniert. So gerät man leicht ins Schwärmen, erzählt man von den ungeheuren Verwendungsmöglichkeiten, vom spielerischen Umgang mit dem Gerät oder gar vom Einsatz für eine lebenswerte Zukunft.

Der PC hat unbestreitbar viel mit der Zeit zu tun, in der wir leben. Dabei gilt es, die beiden Seiten der Medaille zu berücksichtigen: Einerseits entlastet und erleichtert er unser privates und berufliches Leben, andererseits können aber auch neue Abhängigkeiten entstehen, die wie eine Sucht wirken. Beides darf nicht außer acht gelassen werden.

Jede technische Innovation ist eine Gratwanderung zwischen dem Fortschritt und der Gefahr, daß diese Innovation in die falschen Hände gerät. Prominentestes und zugleich abschreckendstes Beispiel dafür war der fatale Weg von der Uranspaltung zur Atombombe. Oder erinnern wir uns einfach nur zurück an die Entwicklung des Automobils in diesem Jahrhundert – eine technische Entwicklung, die unser Leben auf ganz unmittelbare Weise veränderte und bis heute eine außergewöhnliche Faszination ausstrahlt.

Die Welt der Autos hat ihre eigenen Gepflogenheiten, ihren eigenen Markt, ihre Messen und Salons. In ihr bewegen sich die Insider, die sich untereinander mit einem speziellen Fachjargon unterhalten; Fachzeitschriften und -literatur füllen leicht ganze Regalwände in den Bibliotheken. Wie es scheint, fasziniert das Auto noch immer, obwohl es doch längst zu einem Gegenstand des öffentlichen Lebens geworden ist. Es strukturiert seine eigene „Welt", gleichwohl es bereits alle Rahmenbedingungen unseres Lebens gravierend verändert hat.

Das Auto hat die Welt verändert und damit einhergehend auch gefährdet – ein Umstand übrigens, den man lange nicht wahrhaben wollte. Das Ergebnis ist allerorten bekannt: Die Verkehrsinfrastruktur reicht längst nicht mehr aus, um der herandonnernden Blechlawine den nötigen Platz zu schaffen, ebenso nimmt die Unfallhäufigkeit aufgrund unsachgemäßer Benutzung immer noch zu, und schließlich steigt die Umweltbelastung mit ihren heute noch nicht abschätzbaren Folgen weiter an. Ohne ins Detail gehen zu wollen, sei noch daran erinnert, daß auch andere Gefahren lauern, wie etwa der wenig beachtete Zusammenhang zwischen täglicher Autonutzung, der begrenzten Reserven an Erdöl und dem Golfkrieg - dieser Zusammenhang ist ein Pulverfaß, das wir noch nicht entschärfen konnten.

Kurz gesagt: Das Auto ist umstritten, wobei sich die streitenden Parteien der Autolobby und ihre Kritiker fast unversöhnlich gegenüberstehen. Aber eines werden auch letztere zugeben müssen: Man kann das Auto ablehnen oder sogar verachten, ausweichen kann man ihm nicht. Es bleibt ein Träger unseres Fortschritts und seiner impliziten Gefahr der Zerstörung. Es symbolisiert die unbegrenzte Bewegungsfreiheit des Menschen genauso wie dessen individuelle Vernichtung.

Natürlich läßt sich die Welt des Personal Computers mit der des Autos nicht direkt vergleichen. Wir stehen hier noch am bescheidenen Anfang, was nicht heißen muß, daß der Computer einmal genauso ambivalent eingeschätzt werden wird wie das Auto. Noch sind die Investitionen und auch die Zahl der Arbeitsplätze in diesem

Bereich verhältnismäßig gering. Die Entwicklung des PCs geschieht in Form einer „sanften“ Revolution. Der Witz dabei ist, daß man oft erst hinterher merkt, was sie bewirkt hat. Trotzdem erscheinen die Gefahren, die vom PC ausgehen könnten, überschaubar und zu beseitigen, aber nur, wenn man die Erkenntnis beherzigt, daß der PC ein Produkt ist, das durch wissenschaftliche Forschung, technische Kunstfertigkeit und geniale Einfälle zustande gekommen ist und das dem Menschen als friedliches Werkzeug oder Instrument dienen soll. Damit will ich selbstverständlich nicht alle Verantwortung auf den Menschen abladen, mag es auch im ersten Moment so klingen. Auch die Selbstlogik der künstlichen Intelligenz bedarf eines verantwortlichen und vernünftigen Umgangs durch den Anwender.

Sehr viele PC-Anwender können ein Lied davon singen, daß man erst bei seiner Anwendung Möglichkeiten kennenlernt, mit denen man den Spielraum seines Geräts vergrößert. Solche Aha-Erlebnisse, bei denen einem plötzlich etwas gelingt, was vorher nicht klappte oder auch nicht energisch genug versucht wurde, verändern die persönliche Einstellung zum Gerät. Man geht anders mit ihm um und gelangt in Bereiche, die einem vorher verborgen blieben. Sich nur stur an die Regeln und die Verläßlichkeit des Geräts zu halten verstellt den kreativen Blick „über den Zaun“. Der Multi-Media-Künstler Peter Waibel hat zudem darauf hingewiesen, daß dadurch auch neue Formen der Kreativität geweckt werden können.

Die meisten PC-Anwender haben ein sehr ausgeprägtes und individuelles Verhältnis zu ihrem Gerät. Sie möchten ihn nicht mehr missen. Allerdings wäre es albern zu behaupten, sie könnten ihn nicht mehr entbehren, obwohl er ja unmittelbar zu ihrem Leben gehört. Der PC befriedigt vielmehr ein ganz konkretes Bedürfnis auf effiziente Art und Weise.

Betrachten wir nur einmal für einen Augenblick die rasante Entwicklung des Laptops. Er wurde genau deshalb entwickelt, weil es dafür ein Bedürfnis gab. Schon die Bezeichnung („lap“=Schoß) läßt erahnen, daß man bei seiner Entwicklung sicher einmal ganz praktisch gedacht hat („man kann das Ding auf den Schoß nehmen“).

Mit dem Laptop ist die Entwicklung aber keineswegs zu Ende. Das Bedürfnis nach kleineren und vor allem handlicheren Geräten wächst in zunehmendem Maße. Es entwickelt sich ein Gegenstand, der unentbehrlich wird, der fasziniert, mit dem man arbeitet und der auf die Grenzen des Machbaren hinweist. Diese Philosophie der einerseits unbegrenzten Möglichkeiten und der andererseits verantwortungsvollen Begrenzung des Tuns bei einem gleichzeitig kreativen und spaßvollen Umgang mit dem Gerät hat sich Apple auf seine Firmenfahne geschrieben. Der PC als Produkt ist noch lange nicht ausgereift.

Wieviel Kommunikation braucht der Mensch?

In absehbarer Zeit wird die Kommunikationslandschaft ganz anders aussehen als heute. Man braucht kein Prophet zu sein, um dies vorauszusagen. Das Tempo der Veränderungen nahm seit Beginn der 90er Jahre nochmals derart zu, daß das Ziel der Reise nur schwer zu erkennen ist. Besonders auch deshalb, weil hier zwei ganz unterschiedliche Partner die Entwicklung bestimmen: die Geräteindustrie einerseits und andererseits die verschiedenen Netzanbieter, ohne die keine Kommunikation möglich wäre. Bei letzteren dominieren hierzulande noch die öffentlichen Anbieter. Daneben versuchen etliche private Anbieter wie etwa die „Deutsche Mailbox“ und andere private Datendienste ihren Fuß in die Tür zu setzen. Man arbeitet dort wie der Teleboxdienst der Deutschen Bundespost, das heißt, man kann elektronische Briefkästen mieten, in denen sich Informationen hinterlegen und speichern lassen. Der Zugang erfolgt über das Fernsprechnetz oder über Datex-L/P.

Ein besonders schönes Beispiel eines bundesweiten, computervernetzten Informationssystems ist der Mailboxverbund „LINKSysteme/COMLINK“, den in erster Linie Zeitungsjournalisten benutzen. In diesem Bereich sind die schnelle Verbreitung und der rechtzeitige Eingang von Informationen lebenswichtig. Ob „urgent actions“ von amnesty international oder Greenpeace, Berichte aus der Sowjetunion, von Bürgerinitiativen oder Pressediensten: Alle diese Texte können von Journalisten aus einem Computernetz abgerufen werden.

Was ist eigentlich eine Mailbox? Nun, eine Mailbox ist kurz gesagt ein Computer, den der eigene Computer von daheim via Telefon anrufen kann. Ein Verbund oder ein Netz ist dann gegeben, wenn eine Mailbox die andere zum Datenaustausch selbsttätig anruft. Linksys/Comlink ist ein politisches Mailboxnetz, das unzensierte Nachrichten weitergibt. Hier können politische oder Umweltgruppen Infos und Pressemitteilungen einspeisen, hier recherchieren Journalisten vom „Spiegel“ bis zur „Zeit“.

Das Netz besteht zur Zeit aus 35 einzelnen, über Deutschland verteilten Mailboxen. Jede davon enthält dieselben Nachrichten, denn die Mailboxen tauschen täglich die neu hinzugekommenen Texte aus. Der Vorteil liegt auf der Hand: So kann man fast von überall aus zum Ortstarif anrufen. Was bringt das? Bereits jetzt schreiben viele Journalisten ihre Texte mit einem Computer-Textverarbeitungsprogramm. Arbeitet man mit der Mailbox, braucht die Pressemitteilung nicht noch einmal abgeschrieben zu werden. Man ruft bei der nächsten Mailbox an und lädt sich die Message auf den eigenen Computer.

Die Nachricht kann man daraufhin gemäß den eigenen Bedürfnissen verändern, gestalten und weiterleiten. Der Mailboxcomputer ist rund um die Uhr erreichbar. Insgesamt 15.000 Menschen benutzen dieses System mittlerweile. Was braucht man dazu? Ganz einfach: einen Computer, einen Akustikkoppler oder ein Modem, ein Telefon und einigen Kleinkram wie Kabel und Software.

Für große Unternehmen und Konzerne ist die weltweite PC-Vernetzung über Mailboxen und elektronische Briefkästen ebenfalls kein Fremdwort mehr. Im privaten Bereich erfolgt die Erschließung allerdings nur schleppend. Das technische Angebot wird für viele potentielle Nutzer ja erst dann interessant, wenn es auch von vielen genutzt wird. Deshalb tun sich sowohl die Bundespost als auch die privaten Anbieter im Moment noch sehr schwer. Man bedenke nur, daß die Bundespost mit ihrem Teleboxsystem 1990 erst 2.100 Nutzer aufweisen konnte. Selbst bei Teletex mit ungefähr 18.000 Anschlüssen kam man unzureichend aus den Startlöchern.

Ganz günstig entwickelt sich die Situation im Moment bei Telex, C-Netz und BTX, die alle im Wachstum begriffen sind. Der Shooting-Star ist jedoch eindeutig das Telefax, das sich mittlerweile auf breiter Front durchgesetzt hat. Selbst diejenigen, die sich standhaft dem technischen Fortschritt verweigern, müssen mehr und mehr einsehen, daß ein Telefax bald unverzichtbar sein wird.

Mit dem Telefax gelang ein erster wichtiger Schritt der notwendigen Modernisierung der Kommunikationslandschaft. Andere Dienste geraten dadurch in eine Art Sogwirkung, so beispielsweise das Telex. Auch die stockende Diskussion über ISDN (Integrated Services Digital Network) und das künftige „dienstintegrierende digitale Netz“ der Post ist wieder in Bewegung geraten. In ihm sollen die heute noch getrennt operierenden Dienste in einem gemeinsamen Netz für Daten, Text, Sprache und Bild zusammengefaßt werden. Man denkt dabei an ein Universalnetz mit nur einer Leitung und Rufnummer. Nach internen Analysen glaubt die Post, im Jahr 2002 das ISDN-Netz voll ausgebaut zu haben, und zwar auch grenzüberschreitend im europäischen Binnenmarkt. Die nächsten Jahre gehören daher dem Marketing und breit angelegten Aufklärungskampagnen, um den Dienst in Industrie und Wirtschaft ausreichend bekannt zu machen. Sofern die Post ihre Gebührenpolitik überdenkt, wird auch das Murren etlicher potentieller Abnehmer über zu hohe Gebühren verstummen. Sicher ist nur: das integrierte Netz wird kommen.

Im Moment befinden wir uns noch am Anfang der Entwicklung, denn die Postdienste werden bisher nur mit Hilfe spezieller Endgeräte wie Telex oder Telefax in Anspruch genommen. Die Zukunft jedoch gehört multifunktionalen Endgeräten auf der Basis des PCs. Eine Leitung und ein Gerät werden dann ermöglichen, daß ein Dokument oder eine Grafik von zwei Partnern trotz großer Entfernung am Telefon besprochen und im Gerät simultan verändert werden kann.

Um die Tragweite dieser Entwicklung zu erfassen, betrachten wir an dieser Stelle einige Alltagssituationen, wie sie sich in ein paar Jahren wie selbstverständlich abspielen werden. Heute mag es für den einen oder anderen noch etwas fremdartig klingen.

So hat beispielsweise irgendein Bauamt bei einem Baugenehmigungsantrag eine Rückfrage. Sachbearbeiter und Architekt telefonieren miteinander, haben beide die Bauzeichnungen vor sich und können somit alle anstehenden Probleme und Änderungswünsche direkt abklären, ohne daß sie auf die heute noch zeitaufwendigen Genehmigungsprozeduren zurückgreifen müssen. Selbst Bauherr und Architekt können sich in ähnlicher Weise über jedes Detail eines Entwurfs auseinandersetzen, ohne daß sie eines eigenen Ortstermins bedürfen.

Eine Zuliefererfirma in Frankfurt kann ihrem Kunden in München die Konstruktionspläne direkt vorlegen, darüber diskutieren und befinden.

Ein Rechtsanwalt kann bei der Abfassung eines schwierigen Vertrages alle problematischen Sachverhalte direkt klären, ohne langwierige Korrespondenzen „anleiern“ zu müssen.

Kurz: Über eine weite Entfernung hinweg kann man über Texte, Grafiken, Zeichnungen und Projekte diskutieren und die Umständlichkeit heutiger Übermittlungsformen umgehen. Das Ergebnis dieser Unterredung kann unmittelbar darauf fixiert werden. An den Geräten müssen daher auch die Benutzeroberflächen weiter verbessert werden. Im Bau- und Konstruktionsbereich hat sich in dieser Richtung schon einiges getan. Der Post obliegt die Pflicht, das einheitliche Netz so schnell wie möglich zur Verfügung zu stellen und es zu erschwinglichen Preisen anzubieten. Hier sind noch einige Hindernisse aus dem Weg zu räumen. Ich bin aber überzeugt, daß alle Akteure sich einigen werden und vor allen Dingen auch einigen müssen, wollen sie im 21. Jahrhundert kommunikationstechnisch auf der Höhe der Zeit sein.

Zu Zeiten der Französischen Revolution wurde das geflügelte Wort geprägt, die Revolution fresse ihre Kinder. Gemeint waren ihre Gründerväter, die ihre vormals hehren Ziele und Ideale mit Gewalt und Terror durchzusetzen suchten. Genau diese Gewalt machte sie später zum Opfer ihrer eigenen Strategie. Für die PC-Revolutionäre von heute gilt diese Losung längst nicht mehr. Sie wollen ihre Revolution auf sanftem Wege durchsetzen, das heißt, sie setzen auf Freiheit und Autonomie des einzelnen. Betrachten wir die Realität etwas genauer, erkennen wir, daß sich alle Beteiligten zuerst einmal Zeit und den Aufwand von Reisen und Vor-Ort-Besprechungen sparen. Die Folge sind präzisere Bearbeitung und letztlich auch bessere Leistung.

Nehmen wir nur einen Standardfall aus der Praxis: A erläutert B in einer Besprechung seine Vorstellungen und Absichten. B, voller Tatendrang, beginnt zu werkeln, worauf nach getaner Arbeit A seinen Unmut über die geleistete Arbeit äußert. Für B beginnt die Arbeit ganz oder teilweise wieder neu. Mit PC-Kommunikation ließe sich dieses frustrierende Hick-Hack leicht abstellen. Mit ihm lassen sich problemlos Zwischenschritte einschalten und kleinere Korrekturen ganz nebenbei erledigen. Zeitersparnis hier und bessere Ergebnisse dort – die Vorteile springen einem förmlich ins Auge.

Diese zeigen sich auch im privaten Alltag: Ein Bettlägeriger beispielsweise kann mit seinem Arzt oder einer Behörde ganz anders kommunizieren. Er wird ein Gerät mit integriertem Teletelefon nutzen und seine Ansprechpartner damit direkt sehen können. So kann er ihnen seine Wünsche schnell und unkompliziert übermitteln. Das Leid der Pflegebedürftigen läßt sich somit in Zukunft wenigstens in der Hinsicht lindern, daß sie mit ihrer Sozialstation, ihrer Bank und anderen Geschäften von zu Hause aus bequem kommunizieren können.

Der Hilfebedürftige wird dies alles können, weil es ihm das Gerät ermöglicht und weil er sich daran gewöhnt, mit dem Gerät umzugehen. Der PC als Hilfsmittel erleichtert diesen Lernprozeß. Er ermöglicht weniger Termine, kürzere Wartezeiten und vermeidet sonstiges Hin und Her. Zudem erspart er unnötigen Streß und zwingt die Benutzer in vielerlei Hinsicht, mit der eigenen Zeit und der anderer sinnvoller umzugehen. Seine Haupthilfe besteht darin, daß er neben der face-to-face-Kommunikation einen Dialog ermöglicht, der die Teilnehmer nicht zur unmittelbaren körperlichen Präsenz zwingt.

Noch einmal ein Beispiel: Ein Autohändler wird bei einer PKW-Zulassung alle Formalitäten mit einer Zulassungsstelle mittels PC-Kommunikation erledigen können. Die nervigen Wartezeiten beim TÜV entfallen.

Insgesamt werden Warenlieferungen und -abholung so gut vorbereitet werden, daß nur noch die rein technische Ablauforganisation anfallen wird. Der künftige Bankverkehr wird selbstredend vereinfacht und verbessert. Das Buchen von Ferienreisen wird ebenfalls mittelbar möglich sein. Der PC wird sein Tun bis in die kleinsten Bereiche des gesellschaftlichen Lebens ausweiten und dadurch zum Kommunikationswerkzeug des 21. Jahrhunderts werden. Im folgenden finden Sie die sieben großen Funktionsbereiche des PCs in der Zukunft, hier tabellarisch festgehalten:

1. Der PC ermöglicht die Eingabe von Daten und Informationen mittels Tastatur, Sprache und Handschrift.

2. Der PC speichert Informationen und hält sie ständig zur Weiterbearbeitung präsent.

3. Der PC erlaubt die Informationsbeschaffung durch Zugriff auf Datenbanken und andere Informationssysteme.

4. Der PC ist das integrierte Kommunikationsmittel der Zukunft, das Telefon, Telefax und andere Dienste zusammenführt.

5. Zur Verarbeitung von Informationen wird der PC als Rechner, Text- und Sachbearbeiter genutzt.

6. Der PC gestaltet die persönliche Zeitplanung und ist als Notizbuch, Terminkalender oder Projektplaner in beruflicher Hinsicht unentbehrlich.

7. Der PC dient der Ausgabe und Übermittlung der Informationen, die er enthält, und fungiert gleichzeitig als Drucker, Kopierer, Zeichner und als Endgerät in den vernetzten Diensten.

Die Welt des PCs verändert sich

Auch die Welt des PCs hat sich ihre eigene Infrastruktur aufgebaut – Markt, Insider, Wettbewerb, Entwicklungsprobleme und -kämpfe, Systemkriege, Jargon, Fachzeitschriften und -autoren. Doch damit nicht genug, kontinuierlich breitet sie sich in allen Lebenswelten aus, es genügt nur ein Blick in Büros, Lagerhallen und Wohnungen. Auch die Palette der Nutzanwendung nimmt zu, der PC ist geradezu ein Multi-Talent: Er speichert unser Wissen, er transferiert es zur Problemlösung und er präsentiert die Ergebnisse dieser Denkprozesse. „Das Medium ist die Message“, formulierte einst der amerikanische Kommunikationswissenschaftler Marshall MacLuhan. Weiter gedacht bedeutet dies heute, daß der PC unsere Kommunikation neu strukturiert und definiert. Dies ist längst nicht mehr nur das Hirngespinst einiger verrückter Freaks, sondern eine Lebenswirklichkeit, auf die man sich einzustellen hat. Die Bedeutung und Verbreitung des PCs wachsen; damit wird die Welt in unserer Wahrnehmung eine neue.

Wenn Sie noch immer Bedenken gegenüber dem Einsatz von Computern haben, so sollten Sie gerade deswegen weiterlesen. Mein Ziel besteht eben auch darin, diese Barrieren und Hürden abbauen zu helfen. Betrachten Sie nur die Phase, in der die Industrie im Moment steckt: Wir arbeiten alle daran, den Computer zum Sprechen zu bringen und seine Gestalt in Größe und Gewicht zu miniaturisieren. Vielleicht kann der PC dann einmal Ihr Partner werden, der Sie im Moment dieser „Welt“ völlig abgeneigt gegenüberstehen.

Natürlich wendet sich dieses Buch auch an die Damen und Herren Experten in der Computerindustrie. Seit 25 Jahren arbeite ich nun in überwiegend leitender Funktion in dieser Branche. Viele kennen mich persönlich oder über dic Fachpresse. Mir liegt daran, mit diesem Buch Flagge zu zeigen, weil ich glaube, daß es einem Spitzenmanager gut ansteht, die grundlegende Philosophie seines Denkens und Tuns der Öffentlichkeit darzulegen. Ein High-Tech-Unternehmen wie Apple scheut sich nicht vor dieser gesellschaftlichen Verantwortung. Transparenz ist eine wesentliche Leitlinie unseres Unternehmens.

Drei Schritte zum Ziel

In diesem Buch soll es in erster Linie um zwei Fragen gehen:

1. Was sagt die Entwicklung des PCs über unsere Gegenwart und nächste Zukunft aus?

2. Was bedeutet dies umgekehrt für die Entwicklung des PCs?

Die Beantwortung dieser Fragen erfolgt in drei Schritten:

1. Skizzierung der Besonderheiten und Trends unserer Zeit, in der sich der PC entwickelt und durchgesetzt hat: Dabei sollen nur jene Aspekte interessieren, die mit dem PC direkt in Zusammenhang stehen. Erwarten Sie deshalb keinen Bericht zur Lage der Nation und Welt; hierfür sind weit kompetentere Damen und Herren zu Rate zu ziehen.

2. Darstellung des Produkts PC; hier stehen die technischen Anwendungsmöglichkeiten im Mittelpunkt, der Einsatz des PCs in Beruf und Alltag und gegenwärtige Trends. Erwarten Sie hier keinen vollständigen Bericht zur Lage der Technologie, sondern betrachten Sie diese Kapitel eher als streiflichtartige Betrachtung der technischen Gegenwart.

3. Darstellung einer lebenswerten Zukunft mit Hilfe des PCs. Bei diesem Schritt muß auch von denen die Rede sein, die am PC arbeiten und ihn weiterentwickeln. Oft sieht man ja als Insider den Wald vor lauter Bäumen nicht. Daher ist es notwendig, über den Tellerrand hinauszublicken, sich selbst und anderen zu erklären, warum wir

PCs produzieren und vertreiben. Die Sinnfrage zu stellen ist legitim in einer Welt, in der oft zu unbedacht und rücksichtslos gehandelt wird.

Warum also betreiben wir dieses Geschäft, was erhoffen wir uns davon, abgesehen von den Erfolgen im nächsten Finanzquartalsbericht, wie es der IBM-Manager John Hormann* einmal ausdrückte. Warum kommt es zu einer so ausgeprägten Identifizierung mit dem Gerät, an dessen Entwicklung man beteiligt ist?

Neben diesen vielleicht „ehrenwerten" Gründen haben mich aber auch persönliche Motive getrieben, zur Tastatur des PCs zu greifen – wie man wohl künftig in Abwandlung von „zur Feder greifen" sagen muß –, nämlich meine Erfahrungen als deutscher Geschäftsführer von Apple. Dabei muß von vornherein klar sein: Apple ist ein Teil der PC-Welt, und ich arbeite für diesen Laden. Es wäre heuchlerisch, so zu tun, als wäre dies nicht der Fall.

Im Zusammenhang mit der Resonanzanalyse der Apple-Produkte in den Medien stößt man auf ein erstaunliches Paradoxon: Die Macintosh-Produkte stoßen auf ein breites Interesse, finden zumeist freundliche Beachtung, doch das Unternehmen wird als exotisch, verrückt und etwas unseriös bezeichnet. So hieß es etwa kürzlich in der „Computerwoche" in einer einzigen Kolumne, wir seien „die selbsternannten Erfinder des Personal Computers", ein „frühreifes Früchtchen" oder eine „PC-Primadonna", und zu guter Letzt wurden wir als „PC-Pionier" tituliert.

Nun, vielleicht täusche ich mich auch. Wer kann schon alle Erwähnungen in den Medien verfolgen? Eines ist aber

---

* John Hormann: Future Work, Trends für das Leben von morgen, München 1990

sicher richtig: Apple ist keine stinknormale Firma; sie weicht häufig von Normen ab. Würde man die Ratgeber über Auftreten und Erscheinungsbild in der Industrie als Meßlatte für das Haus Apple nehmen, so kämen einige Unternehmensberater gehörig ins Schwitzen. Wo duzt eine Sachbearbeiterin schon ihren Chef? Doch dies nur am Rande. Kommen wir zum Kern des Buches.

Der PC wird im Mittelpunkt stehen, was man mit ihm wie tun kann und in welchen Entwicklungsschritten es mit ihm weitergehen wird. Unsere Firmenphilosophie wird nur anklingen; zu ihr gehört auch, daß Gebrauchsanleitungen möglichst überflüssig werden müssen. Das Buch wendet sich an Interessierte, die wenig Zeit, wohl aber ein Gespür dafür haben, daß es heute nicht mehr genügt, Produkte weiterzuentwickeln und zu verkaufen, sondern daß man sich noch andere Fragen zu stellen hat. Daß diese Ansichten zum größten Teil unbequem ausfallen, liegt in der Natur der Sache und gehört zum Wettbewerb der Ideen.

Ich hoffe, daß Sie nach der Lektüre dieses Buches über ein wenig mehr Orientierung im Computerdschungel verfügen. Es muß nicht immer zwangsläufig damit enden, wie es der deutsche Ethnologe Hans-Peter Dürr einmal formulierte: „Der Blick über den Zaun endet mitten in der Petersilie."

I.

Das Zeitalter des Personal Computers

Kapitel 1
Die Zukunft liegt nicht mehr in der Gegenwart

Ein Phänomen hat eine ganz entscheidende Auswirkung auf unser Denken und Tun: „die Zeit als Grundkonflikt des Menschen“, wie es der amerikanische Wirtschaftswissenschaftler Jeremy Rifkin bezeichnet. Auch ich bin mit ihm der Meinung, unser Verhältnis zur Zukunft habe sich grundlegend gewandelt.

In früheren Zeiten hat man, soweit wir das heute wissen und beurteilen können, die Zukunft überwiegend unter dem Gesichtspunkt der Gegenwart und damit als Verlängerung von Vergangenheit und Gegenwart betrachtet. So unterschied sich das Leben der Enkel vom Leben der Väter nicht wesentlich. Der Lauf der Dinge ging in die gleiche Richtung, wie er die Generationen zuvor immer schon gegangen war. Das beschränkte sich aber nicht nur auf die Erziehung, in der die schwarze Pädagogik zum Leidwesen vieler Kindergenerationen lange genug ihr Unwesen trieb. Nein, auch die Wissenschaft verstand sich nur in der Tradition des überlieferten Wissens. Brachen dann unverhofft neue Erkenntnisse in die einzelnen Fachdisziplinen ein, kam es zu einer fast kriegerischen Abwehrhaltung der Gralshüter des alten Wissens. Trotzdem ereignete sich ein Wissensfortschritt, weil die Wissensrevolutionen sich irgendwann doch durchsetzen konnten. Im Soziologendeutsch nennt man dies einen „Paradigmenwechsel“, der Begriffserfinder war der

Amerikaner Thomas Kuhn. Auch in der Landwirtschaft und im Handwerk läßt sich eine jahrhundertelange Anwendung von Regeln und Gepflogenheiten beobachten, die sich eben seit jeher bewährt hatten. Passierte etwas Unvorhergesehenes, wurde es als Schicksal abgetan, auf das man sich nicht vorbereiten konnte. Die Bauernregeln legen ein beredtes Beispiel dafür ab.

Der Ursprung der Moderne ist umstritten. Ein potentieller Ausgangspunkt ist die Zeit der naturwissenschaftlichen Revolutionen, ausgehend von Galileis heliozentrischem Weltbild, das „Zeitalter der Erfindungen und Entdeckungen“, wie es populärerweise gerne genannt wird. In gesellschaftlicher Hinsicht wird die Zeitepoche der Aufklärung angeführt, von der wir „aus der selbstverschuldeten Unmündigkeit“ ans Licht geführt wurden, wie es Immanuel Kant fast ironischerweise genannt hat.

Aber erst in jüngerer Zeit hat sich der soziale, wirtschaftliche und politische Wandel so rasant beschleunigt, daß Veränderungen alltäglich geworden sind. Man muß mit ihnen leben. Damit erhält die Zukunft eine neue Qualität. Einer unserer „Soziologenpäpste“, Réné König, hat dies so formuliert: „In der Modernität ist jenes Leben, das zäsurenlos immer weiterläuft, aufgebrochen, indem ein tiefer Schnitt gelegt wird zwischen Zukunft und Vergangenheit. Zwischen beiden steht, genau wie in den anderen Gesellschaften, die Gegenwart. Nur aber ist Gegenwart nicht mehr zeitloses Dasein, sondern Aufgeschlossenheit in die Zukunft.“ Kurz und bündig, dafür um so respektloser, nennt es Jeremy Rifkin*: „Die Industrienationen des Westens hatten mit der Idee der Größe im Kopf die

---

*Jeremy Rifkin: Uhrwerk Universum, Die Zeit als Grundkonflikt des Menschen, München 1988

Zukunft organisiert. Zentralisation, Konzentration und Akkumulation wurden zu Parolen der Modernität. Überall wurde wie verrückt gewühlt, um zu entwickeln und zu vergrößern."

Mit der Achterbahn in die Zukunft

Unsere Zukunft wird eine völlig andere sein als die Gegenwart. Was sich im ersten Moment wie eine Platitüde anhört, zieht bei näherer Betrachtung ein komplexes Gebilde von Veränderung und Wandel nach sich. Die Gültigkeit unseres Wissens wird ständig erweitert, verändert, angepaßt und über den Haufen geworfen. Die Rahmenbedingungen unseres beruflichen und privaten Handelns sind in Bewegung geraten. Flexible Menschen sind erfolgreicher, heißt es in einschlägigen Berufs- und Karriereratgebern. Gut geölt und gewartet laufen die Räder rund. Dabei verwundert es nicht, daß es vielen Menschen immer schwerer fällt, sich auf die Beschleunigung der Zeit einzurichten.

Selbst die Politik ist davor nicht gefeit. Noch in den 50er und 60er Jahren konnte man sich auf die Existenz zweier großer Volksparteien verlassen. Ihnen gelänge es, so sagte man damals, die verschiedenen Gruppen in der Gesellschaft in sich zusammenzufassen und zwischen ihnen einen Ausgleich herzustellen. Damit erschienen die Verhältnisse ruhig und berechenbar. Das Wirtschaftswunder vollzog sich in verläßlichen Bahnen. Dann folgten die 68er-Unruhen, die weltpolitischen Veränderungen durch den Kalten Krieg, der erste größere Einbruch der westdeutschen Wirtschaft, die Energiekrisen der 70er Jahre und in der Folge viele neue Entwicklungen in der Gesellschaft. Mit alledem traten auch neue Parteien wie

DIE GRÜNEN auf die Bühne, und es entstanden die „Wechselwähler", die je nach Interessenslage zwischen den Parteien „hin- und herwählten". Dies hatte erhebliche Auswirkungen auf die Volksparteien, machte mehr noch als früher verschiedenste Koalitionen nötig. Schlagartig veränderte sich die Politik, die Bürger wurden zunehmend wahlmüder und gleichgültiger gegenüber politischen Entscheidungen. Kurz: die Politik veränderte ihr Gesicht, und niemand weiß, ob sie sich in 15 Jahren nicht wieder ganz anders darstellen wird.

Auch die damals gültigen sozialen Werte gerieten rasch in den Sog der Veränderung. Man braucht nur an die Wohngemeinschaften, an die eheähnlichen Partnerschaften oder an den Geburtenrückgang seit Anfang der siebziger Jahre zu denken, um sich das zu vergegenwärtigen. Längst sind diese Entwicklungen gesellschaftlich anerkannt. Damals waren sie Stein des Anstoßes, erinnern wir uns nur an die berühmte Kommune 1 in Berlin um Rainer Langhans und Uschi Obermeier. Sie und andere Mitstreiter brachten das Establishment ins Wanken.

Dabei behauptete man immer, soziale Gebilde hätten eine größere Standfestigkeit gegenüber Veränderungsprozessen. Konservative Kreise glaubten an den ehernen Bestand ihres sozialen Gefüges, vertrauten dem Umstand, daß die entsprechenden Abwehrkräfte mit der Größe der Organisation anwachsen. Eine Bundesrepublik werde doch nicht vor ein paar Halbstarken in die Knie gehen. Doch jeder Organisation droht zugleich, was man die „Unbeweglichkeit des Tankers" nennen könnte. Sie reagieren entweder gar nicht oder mit brüsker Ablehnung auf den herrschenden Zeitgeist. Ein Blick auf die hiesigen Großorganisationen genügt. Die Gewerkschaften haben große Schwierigkeiten, ihre Organisation und Aufgabenstellung an die sich verändernde Arbeitswelt anzupassen. Die Umorganisation der Bundespost stellte einen manchmal qualvollen Prozeß dar. Den politischen Parteien geht es nicht viel besser.

Andererseits hat sich etwa das Bild der Industrie völlig gewandelt, zum Teil auch die öffentliche Verwaltung. Beide haben gelernt, den Wandel konstruktiv aufzugreifen. In Seminaren und Kursen verbessern sie ihre Leistungsfähigkeit und Flexibilität am Markt. Wer hier nicht mitzieht, verschwindet schnell von der Oberfläche. Eines allerdings dürfen wir dabei nicht vergessen: Nehmen wir alle Veränderungen schnell genug wahr und reagieren wir in adäquater Weise auf sie? Die Behäbigkeit der Umweltpolitik beispielsweise zeigt, daß dem nicht so ist.

Eindeutiger verläuft demgegenüber offenbar die technische Entwicklung, gleichgültig ob wir ihr Tempo, ihre Wahrnehmung durch die Gesellschaft oder ihre Folgen ins Auge fassen. Der PC, und hier schließt sich der Kreis für einen Moment wieder, ist ein Beispiel, wie schnell Entwicklungen stattfinden und wie weitreichend die Veränderungen dabei sind.

Im Band 18 des Meyers Enzyklopädischen Lexikons von 1976 sucht man noch vergebens nach dem Stichwort PC oder Personal Computer. Man kann nur einem früheren Band entnehmen, daß der „Computer“ ein Rechner sei und mit dem Begriff meist programmgesteuerte Rechenautomaten gemeint seien. Zu dieser Zeit dominierte in den Büros noch die Schreibmaschine mit Kugelkopf, die damals einen großen Fortschritt darstellte, konnte man mit ihr leichter korrigieren und sogar Durchschläge anfertigen. Bei diesen Worten könnte man fast meinen, jene wäre ein Relikt aus grauer Vorzeit, doch ist es erst einmal 15 Jahre her.

Wann es den ersten PC gab, mag für einige umstritten sein – wir von Apple beginnen damit unsere Firmengeschichte. 1977 kam mit dem Apple II der erste Personal Computer als System mit Zentraleinheit, integriertem Bildschirm, eingebautem Diskettenlaufwerk und anschließbarem Drucker auf den Markt. Die PC-Geschichte umfaßt damit heute einen Zeitraum von immer noch weniger als 20 Jahren. In dieser Zeit kam es zur allmählichen Arbeitsteilung zwischen den großen Computern der ersten Generationen und den kleinen Tischrechnern. Das Veränderungstempo hält unvermindert an.

Zwischen Hoffen und Bangen

In Zeiten des Wandels und der Veränderung tun sich immer Abgründe zwischen den Fortschrittsgläubigen und ihren Kritikern auf. Die einen, voller Euphorie auf das Zukünftige, die anderen in Sorge und mit Angst auf das vor ihnen Liegende blickend.

Früher – ich darf das wiederholen – verstand man unter Zukunft die verlängerte Gegenwart. Die Gesellschaft und ihre Mitglieder fühlten sich in ihren Gewohnheiten, Normen und Gepflogenheiten sicher. Gegen Schicksalseinflüsse und nicht vorherzusehende Ereignisse wappnete man sich, so gut man eben konnte.

Heute ist das völlig anders. Zukunft ist in völlig neuer Weise gegenwärtig, sie ist zum Problem geworden. Unsere heutigen Entscheidungen bestimmen die Zukunft. Wenn sie falsch sind, hat dies unter Umständen verheerende Auswirkungen. Schon ahnen wir die fatalen Folgen unserer rücksichtslosen Naturzerstörung in allen Teilen der Welt. Probleme tauchen immer dann auf, wenn zwischen dem gewünschten Soll-Zustand und dem als unbefriedigend verstandenen Ist-Zustand eine Lücke klafft. Wer also heute noch in der Industrie mit FCKW hantiert, obwohl er um das wachsende Ozonloch weiß, der ist ein Problem.

Das Problem ist nur rational zu lösen. Da wir beispielsweise um die negativen Auswirkungen des FCKW für unsere Atmosphäre wissen, da wir also unsere Zukunft in diesem Fall definieren können, haben wir für eine FCKW-freie Produktion zu sorgen. Wer dies nicht tut, muß entweder den Kopf in den Sand stecken oder ein unverbesserlicher Idiot sein. Beide lösen aber das Problem nicht. Interessanterweise haben in den letzten Jahrzehnten immer wieder Buchautoren großen Erfolg gehabt, die sich mit der Zukunft auseinandersetzten. Erinnern wir uns nur an Hermann Kahns 1967 erschienenes Werk „The Year 2000" oder an das weltweit publizierte „Global 2000", in denen in Ausschnitten die Schreckensszenarien unserer Zukunft an die Wand gemalt wurden. Man könnte überspitzt behaupten, daß diese Informationen die Bevölkerung aufgescheucht haben und eine hektische Betriebsamkeit in Richtung Planung, Steuerung und Beherrschbarkeit in Gang gesetzt wurde.

Die Planung hatte meistens nur einen Fehler: Sie funktionierte nicht. Ihre Prognosen waren zudem auch falsch. Erinnern wir uns nicht mit Grausen an die vielen Raumordnungs- und Gebietsentwicklungspläne, die um das Jahr 1970 in der Bundesrepublik erarbeitet wurden und sich schon kurz darauf als absurd erwiesen, weil sie von einem weit übertriebenen Bevölkerungswachstum ausgingen. Der Pillenknick führte aber zum Geburtenrückgang. Die Planungen wurden Makulatur. Noch heute wünschte man sich manchmal, daß die Planungen in Politik und Wirtschaft etwas bescheidener ausfielen.

In den letzten Jahren wurden wir mit Prognosen und Trends für die neunziger Jahre förmlich überschüttet. Wer heute 30 Zigaretten täglich raucht, kann seine Lebenserwartung statistisch schon ziemlich genau berechnen. Das Wachstum der Weltbevölkerung kann für die nächsten hundert Jahre prognostiziert werden. Der saure Regen, das Waldsterben, die Vorgänge in der Nordsee, das Ozonloch, die globale Klimaerwärmung - unsere Zukunft, zumindest die negative, erscheint datenschwanger vor unserem geistigen Auge. Die Planungseuphorie mit ihrer Zukunftsgläubigkeit wurde dadurch merklich gedämpft. Eine bessere Zukunft beginnt aber mit der Lösung der Probleme im „Hier und Jetzt".

Wer kann sich schon sicher sein?

Die Menschheit besitzt heute mehr Daten und Informationen als je zuvor. Die daraus resultierende Beschäftigung mit der Zukunft und den gegenwärtigen Verhältnissen ist sicherlich ein Fortschritt, gleichwohl man feststellen muß, daß die aufgestaute Informationsflut zu einer Überinformation oder Desorientierung führen kann. Aus der Menge der verfügbaren Daten und Informationen muß noch lange nicht ein adäquater Umgang damit erfolgen. Neben der immer leichter werdenden Informationsbeschaffung haben die Götter die kompliziertere Informationsverarbeitung gesetzt.

Wenn es uns gelingt, die eingehenden Informationen nach ihrer Herkunft und Bedeutung zu bewerten, sind wir ein Stück weiter. Wir kommen zu einer bestimmten Gewißheit in einer x-beliebigen Angelegenheit. Wenn wir etwa die Ozonbelastung an einer Stadtautobahn über ein Jahr hinweg messen, so können wir danach gewiß sein, den

Verlauf der Entwicklung rekonstruieren zu können. Wenn wir dies mehrere Jahre hintereinander unternehmen, können wir angeben, wie es weiter verlaufen wird. Bei anderen Entwicklungen jedoch reichen unsere Informationen nur aus, um annähernd das Maß unseres Unwissens zu bestimmen. Wer etwa die heutigen Fluggastzahlen zur Grundlage einer Hochrechnung nimmt, wie viele Fluggäste im Jahre 2040 reisen werden, der begibt sich in das Reich der Spekulation. Klug ist, wer das eine vom anderen unterscheiden kann.

Das gilt auch für den, der sich mit der weiteren Entwicklung des PCs auseinandersetzt. Dieses Gerät entscheidet natürlich nicht über Krieg und Frieden, über die Bereitschaft, den Hunger in der Welt zu bekämpfen oder die Umweltzerstörung aufzuhalten. Der PC entscheidet überhaupt nichts. Er kann nur dazu beitragen, dem Anwender bei der Informationsbeschaffung und -verarbeitung zur Seite zu stehen und die Informationen übersichtlich aufzubereiten. Trotzdem spielt das Gerät eine immer größere Rolle im Weltenspiel. Es steht in engem Zusammenhang mit Entwicklungen, die wir just miterleben.

Im folgenden habe ich drei solcher Komplexe einmal näher betrachtet:

1. unsere Gesellschaft wird zunehmend älter;

2. der Individualismus in der Gesellschaft verstärkt sich;

3. es entwickeln sich neue Formen des Umgangs mit unserem Wissen.

Diese drei Trends haben den Vorteil, daß man an ihnen die Rolle des PCs nachvollziehen kann. Im übrigen ist die

Auswahl bewußt getroffen, unterscheiden sich diese Trends doch völlig voneinander.

Über das Älterwerden herrscht absolute Gewißheit. Die Zahlen und Fakten sind bekannt und ihre Folgen heute nicht mehr umstritten.

Der neue Individualismus oder, etwas schärfer formuliert, Egoismus ist im Gespräch und empirisch natürlich nicht gesichert. Es ist wie bei einer Schatzsuche, wenn man Anzeichen, Signale und Hinweise deuten muß. Die neuen Formen des Umgangs mit unserem Wissen sind schließlich noch weniger im öffentlichen Bewußtsein verankert.

Drei Beispiele, stellvertretend für viele Entwicklungen, die man hätte ansprechen können. Zunächst einmal geht es um den Umgang mit Informationen, später dann um die Hilfe, die der PC dabei geben kann und immer mehr auch geben wird.

Kapitel 2
Ist diese Gesellschaft wirklich so alt?

Eines läßt sich nicht mehr leugnen: Die Menschen in den westlichen Industriegesellschaften werden immer älter. Warum? Nun, dies hat zwei Gründe: erstens der Rückgang der Geburtenrate, übrigens ein Phänomen, das wir erst kurz kennen, und zweitens die Zunahme der Lebenserwartung, die wir seit Beginn des 19. Jahrhunderts beobachten können. Werden wir mit Hilfe der Medizin und anderer Gesundheitserkenntnisse ein Volk von Methusalems?

Nicht wenige betrachten diesen Umstand eher als Problem denn als Wohltat. Ein günstiges Bild läßt sich ja noch von den „jungen Alten" zeichnen. Sie erleben ihr siebtes Jahrzehnt, und oft noch ein Stück vom achten, als sinnvolle Gabe. Sie sind gesellig, reisen, bilden sich fort und schauen leicht verächtlich auf die herab, die als langweilige Stubenhocker etwa vor ihrem Fernseher ihr Dasein fristen. Diese „neuen Alten“ oder „Supersenioren“ haben ihre Nische in einer Gesellschaft gefunden, die ihr Selbstverständnis nur allzugerne aus der Arbeits- und Leistungsfähigkeit des einzelnen ableitet.

Aber es ist nicht alles Gold, was glänzt. Bei den „alten Alten“ oder „Hochbetagten“ sieht das alles schon ganz anders aus. Die Statistik weist aus, daß etwa von der Mitte des achten Jahrzehnts die altersbedingten Schwierigkeiten zunehmen, die Krankheiten häufiger werden, die eigene

Versorgung zunehmend an Grenzen stößt, die Abhängigkeit von anderen und die Zahl derer wächst, die ganz auf Hilfe oder Pflege angewiesen sind. Wer nimmt sich ihrer an? Die Sozialstationen, Wohnstifte, Altenheime und Altenpflegeheime oder jeder einzelne, die Familie, die öffentliche Hand? Die Frage wartet immer noch auf ihre Beantwortung.

Das Älterwerden wird zudem nicht unbedingt überall als Glück und Fortschritt empfunden, weil mit dem Geburtenrückgang ein zweites Phänomen einsetzt: die jüngeren Jahrgänge schrumpfen, während die älteren immer mehr zunehmen. Die Zwiebel als Abbild des zahlenmäßigen Aufbaus einer Bevölkerung wird zum Faß ohne Boden. Von den geburtenschwachen Jahrgängen, die derzeit ins heiratsfähige Alter kommen, ist keine Veränderung zu erwarten.

Der Tatbestand

Zweimal finden wir in den letzten Jahrhunderten eine übermäßige Bevölkerungsvermehrung, einmal im 19. und dann in der ersten Hälfte des 20.Jahrhunderts. Im Jahre 1816 lebten hierzulande auf einem Quadratkilometer 55 Menschen, 1910 waren es 110 und 1970 249, man bedenke nur, trotz des unsäglichen Leids zweier Weltkriege. Von da an ging's bergab. Immerhin waren noch 1950 etwa ein Drittel der Bevölkerung unter 21 Jahren und 13 Prozent über 60 Jahre. Heute hat sich dieses Verhältnis dramatisch verändert. Beide Gruppen liegen derzeit bei ungefähr 20 Prozent. Und die Waage neigt sich hin zu den Alten. In den nächsten dreißig Jahren wird sich ihre Zahl fast verdoppeln. Dies wird von fast allen Experten und Kritikern gleichermaßen bestätigt.

In der Weltgeschichte gibt es dafür kein vergleichbares Beispiel. Nachdem es also keine Erfahrungen gibt, wie eine hochentwickelte Gesellschaft damit fertig wird, wächst allerorten der Grad der Unsicherheit. Im Jahre 2020 wird das Gesicht der Industriestaaten ein völlig anderes sein. Dies bedeutet Krise und Chance zugleich: Läßt man alles so weiterlaufen wie bisher, drohen unbeherrschbare Zustände. Die Entwicklung kann aber auch ins Positive gewendet werden, wenn man diese Kulturaufgabe löst.

Dabei sind in die Statistik noch längst nicht alle Zuwanderungen in den nächsten Jahrzehnten miteinberechnet. Das Ost-West- und Nord-Süd-Gefälle wird viele Menschen aus den ärmeren Regionen dieser Welt anziehen. Auch innerhalb der EG muß man sich auf eine Binnenwanderung vorbereiten. Das derzeitige Asylproblem gibt uns darauf einen bitteren Vorgeschmack.

So stehen wir zwei Phänomenen gegenüber: Die Gesellschaft wird einerseits älter, wobei sich andererseits ihre zahlenmäßige und ethnische Zusammensetzung grundlegend verändern wird. Schon jetzt sind der Pflegenotstand, das Fehlen von Heim- und Pflegeplätzen, die immensen Pflegekosten und die zunehmende Hilfsbedürftigkeit im Alter Anzeichen dafür, wie schwer wir uns im Umgang mit dieser Entwicklung tun. Ich fürchte fast, wir verspielen das Glück einer längeren Lebenserwartung.

Quo vadis?

Erschwerend kommt dazu, daß alle an diesem Problem beteiligten Akteure ihr eigenes Süppchen kochen. Die

Pflegeberufe fühlen sich zu Recht in der Bezahlung ihrer Tätigkeit hintergangen, die Politiker verniedlichen das Thema und die Alten drängen selbstbewußt auf die Lösung ihrer Probleme. Man darf dabei nicht vergessen, daß wir morgen ernten, was wir heute säen.

Die 65jährigen des Jahres 2015 sind die heute knapp 40jährigen. Sie werden sich wesentlich von ihren Vorgängern unterscheiden. Ihre Biographie ist eine grundsätzlich andere, sie agieren beruflich auf internationalem Parkett, sie haben Freizeit und Urlaub einen höheren Stellenwert beigemessen, ihre Erfahrungen mit der Moderne und seiner technologischen Erneuerung sind andere.

So wird es im Jahre 2015 viel weniger „reine" RentnerInnen und Pensionäre geben. Viele Firmen nutzen heute schon die reichhaltigen Erfahrungen ihrer älteren Mitarbeiter. Mit Hilfe des PCs und anderer moderner Kommunikationsformen wird man sie weiter einbeziehen, sie als Berater einsetzen oder ihnen Teilbereiche überlassen – beispielsweise die Betreuung eines bestimmten Kunden, der sich nicht gerne an neue Gesichter gewöhnt. Die Formen der Arbeit und Beschäftigung werden vielfältiger sein, was den dann Alten die Chance gibt, sich noch ein Stück vom Kuchen abzuschneiden. Unsere starren Arbeitsformen heute sind, seien wir doch einmal ehrlich, längst überholt, sie bedürfen einer flexibleren Gestaltung. Der Ruheständler von morgen wird es uns danken.

Diese gleitenden Übergänge von der Berufstätigkeit ins aktive Seniorendasein hängen deshalb auch von der Veränderung der Arbeitsplätze ab. Sie werden flexibler und ortsungebundener sein. Der PC erleichtert etwa die neuen Formen von Heimarbeitsplätzen, von denen aus –

vernetzt mit der Zentrale – die Tätigkeit genauso gut erledigt werden kann, als wenn man sich im morgendlichen Autostau oder in der überfüllten S-Bahn mißmutig ins Büro quält. Kurz: Die Zukunft wird weitaus flexibler gestaltet sein. Dies eröffnet zudem ungeahnte Möglichkeiten für Teilzeitarbeit oder Teilzeitruhestand.

Unter diesen Bedingungen kann man sich gar nicht mehr vorstellen, daß die heute 40jährigen sich vor ihrem Ruhestand fürchten müssen, so wie es heute noch immer weitverbreitet ist. Der Bruch, nach einem arbeitserfüllten Leben ins „Rentnerparadies" verpflanzt zu werden, ist heute oft eine für die Beteiligten schwierige Angelegenheit. Wer immer von größerer Selbständigkeit und Kommunikationsfähigkeit im Alter spricht, der wird im gleichen Atemzug auch die vielfältigen Möglichkeiten des PC-Einsatzes nennen müssen. Körperliche Gebrechen und Krankheiten im Alter sind damit zwar nicht zu lindern, aber die geistige Flexibilität wird entscheidend verbessert.

Daneben müssen aber auch Gesellschaft und Politik endlich kapieren, bessere Rahmenbedingungen für das Wohnen und die Pflege im Alter zu etablieren. Dazu gehört auch, daß das Pflegepersonal angemessen bezahlt wird und daß die Altenhilfe erheblich ausgebaut werden muß. Nur eines sollte man tunlichst vermeiden: aus den heutigen Verhältnissen den künftigen Bedarf hochrechnen. Bedenkt man allein, daß 2015 mehr Ältere als Singles leben, kann man sich ausmalen, welchen Schaden diese Hochrechnungen anstellen könnten.

Der Schritt vom Thema Älterwerden zum PC ist, wie bereits angedeutet, gar nicht so groß. Der PC ersetzt zwar keinen Menschen, er kann aber auch ein Partner im Alter sein. Man nimmt ihn nicht nur passiv wahr wie andere Medien. Vielmehr fördert er Selbständigkeit und geistige Fähigkeiten.

Ein letztes: Diese Gesellschaft kann und darf es sich nicht leisten, die Älteren auszugrenzen. Wir dürfen nicht aus den Augen verlieren, eine Gesellschaft für alle zu sein. In ihr müssen Kinder und Alte ihren Raum haben, und nicht aus Alibigründen auf Kinderspielplätze oder auf Senioren-Kaffeefahrten abgedrängt werden. Anzupassen hat sich der Verkehr, der Wohnungsbau und vieles andere mehr. Alle Lebensbereiche werden davon betroffen sein, die Kommunikation und ihre Technologien natürlich miteinbezogen. Sie ganz besonders, bereichern und erleichtern sie doch ein Leben im Alter. Die Formel „jung und modern" wird an Bedeutung verlieren. Modern und alt sind nicht die vielzitierten Welten, die sich abrupt treffen. Lassen Sie uns diese Entwicklung nicht verpassen.

Kapitel 3
„Ego, ergo sum" – der neue Individualismus

Die Postmoderne ist ein beliebtes Schlagwort der neunziger Jahre. Ob in der Architektur, in der bildenden Kunst oder Literatur, wer heute etwas zu sagen hat, gibt sich postmodern. Erstaunlich dabei ist nur, daß oft die größten Kritiker und auch Befürworter dieser Strömung gar nicht wissen, wovon sie sprechen. Ohne mich groß in den laufenden Diskurs einmischen zu wollen, darf ich doch auf das wesentliche Konstitutivum hinweisen: Der in den USA lebende, österreichische Wissenschaftsphilosoph Paul Feyerabend verlieh der Postmoderne mit seinem „Anything-goes-Prinzip" sozusagen das methodische Rüstzeug. Alle Methoden und Regeln für einen Erkenntnisfortschritt seien erlaubt, ob es sich nun um die eines Reagenzglasfanatikers oder um die eines Mystikers handelt. Nichts darf mehr ausgeklammert oder ausgegrenzt werden. „Wissenschaft als Kunst" lautete schließlich Feyerabends Forderung an die naturwissenschaftlichen Hüter von Logik und Wahrheit. Feyerabend geht es letztlich um eine Demokratisierung unserer Wissensbildung, an der alle möglichen Akteure in einer Gesellschaft teilnehmen dürfen.

Herausgebildet hat sich die Postmoderne aufgrund der tiefliegenden Krise der Moderne. Der logische Pfad der Industrialisierung stürzte die Menschheit in eine Umwelt- und Persönlichkeitskrise gigantischen Ausmaßes. Schon sprechen die Apolegeten vom Untergang der Menschheit. Die globale Innenwelt- und Außenweltverschmutzung habe ihren unrühmlichen Höhepunkt erreicht. Dagegen erhebt sich nun schon seit vielen Jahren eine Gegenbewegung, die einen Umbau unserer gesamten Denk- und Handlungssysteme fordert, einen elementaren Wandel in Wirtschaft, Politik und Gesellschaft. Gleichzeitig ist ein starker Hang zum Individualismus sichtbar geworden, der einhergeht mit einem Freiheitsgefühl, das unser Leben mehr und mehr ausfüllt.

Freiheit – der Duft der großen weiten Welt

Will man sich den neuen Freiheiten nähern, so stößt man zuallererst auf eine grundlegende Voraussetzung: Einerseits äußert sich der neue Individualismus in einem schnellen Rückzug von Bindungen und Normen, denen sich der einzelne früher gar nicht oder nur sehr schwer entziehen konnte, andererseits ermöglicht er dadurch Menschen, ihr Leben in Eigenregie zu führen, es selbst in die Hand zu nehmen. Je mehr das gelingt, desto kreativer greifen diese Menschen offenbar in den Gesellschaftsprozeß ein und desto mehr ändern sich natürlich auch die sozialen Organisationen und Gebilde.

Einige Beispiele: Noch vor 20 Jahren reagierte diese Gesellschaft mit moralischer Entrüstung, ja Empörung auf die Wohngemeinschaften als neue Form des Zusammenlebens. Heute hat die WG längst Einzug in die Altenarbeit gefunden, gilt selbst unter Senioren als geeignete Wohnform. Auch bei der Rolle der Frau hat sich einiges, wenn auch noch nicht genug, verändert. Es gibt Modellansätze, Beruf und Mutterschaft miteinander zu verbinden, auch die frühere Rollenteilung abzubauen und in der Partnerschaft wieder mehr gemeinsam zu handeln. Die amerikanische Psychologin Carol Becker* fordert daher „noch mehr Mut zum selbstbestimmten Leben“, wenn die Frauen beruflich erfolgreich und privat glücklich sein wollen.

Diese Entwicklungen sind nur deshalb möglich geworden, weil man sich den Bindungen der Familie, des engeren sozialen Umfeldes und Milieus zusehends entzog. Durch den Verlust dieser traditionell vorgegebenen Zugehörigkeiten haben sich auch die Möglichkeiten, unser Leben zu gestalten, beträchtlich erweitert. Dies geschieht vor dem Hintergrund des beispiellosen Wohlstandes dieser Gesellschaft, zumindest der meisten ihrer Mitglieder. In seinem Gefolge frönt man den Hobbys und Lastern, wie man will. Ob man mit einem Gummiseil 50 Meter in die Tiefe stürzt, altmodisch Briefmarken sammelt oder mit der Modelleisenbahn spielt, alles wird durch einen gigantischen Industrie- und Gewerbeapparat erst ermöglicht.

So läßt sich der Duft der großen weiten Welt besonders dort atmen, wo Menschen an ihrem eigenen Lebensentwurf selbst basteln und nicht wie Knetmasse zurechtgedrückt werden. Dies hat auch Auswirkungen auf die Betriebe selbst. Menschen mit großen persönlichen Freiheiten wollen auch im Betrieb ihre Freiheit haben, vor allem was Umgangsformen, Mitarbeiterführung, Arbeitszuweisung und -gestaltung betrifft. Einerseits kann man, wenn man will, nur arbeiten, um sich materiell gut gepolstert die Freizeit zu erkaufen. Andererseits hat aber auch der, der gerne arbeitet und sich dabei verwirklichen möchte, bessere Möglichkeiten. Er trifft auf interessantere Arbeitsplätze und auf weniger Vorschriften und Zwänge.

---

* Carol Becker: Das unsichtbare Drama, Frauen: Erfolgreicher denn je und doch nicht glücklich, München 1989

Verantwortung gehört dazu!

So sehr man dieser Entwicklung im ersten Moment auch zustimmen will, so ganz bedenkenlos ist die Sache mit dem neuen Individualismus auch nicht, wenn er in den puren Egoismus umschlägt. Es kommt zur Gefahr der Bindungs- und Verantwortungslosigkeit. Ein Lied davon singen können Organisationen, die von Bindungen leben: Kirche, Parteien oder Betriebe. Sie fühlen sich bedroht, suchen krampfhaft nach ihrer Corporate Identity, um wieder zu erreichen, was früher einmal selbstverständlich war: sich den Regeln der Organisation anzupassen und, in religiöser Hinsicht, gehorsam zu sein.

Zum Gehorsam gehört der Befehl. Befehl und Gehorsam, wem sträuben sich dabei nicht die Haare. Dennoch leben wir noch immer mit diesen Strukturen, es haben sich nur die Formen geändert. Kleinkarierte und Ängstliche leisten noch immer vorauseilenden Gehorsam, andere tun es aus Einsicht, beugen sich der Notwendigkeit, der Ordnung oder den Sachzwängen. Fast ist man geneigt zu sagen, es bleibt dabei: Die einen schaffen an, die anderen führen aus. Nun, ganz so einfach ist es natürlich nicht mehr. Die Pyramide der Hierarchien ist flacher geworden. Der Vorgesetzte hat nicht mehr die höhere Einsicht, vielmehr muß er den Sachverstand der einzelnen Mitarbeiter zusammenführen und mit ihnen den Ablauf festlegen. Wer heute seine Mitarbeiter nicht achtet und sich als Industriekapitän aufspielt, der wird bald allein auf seiner „Kommandobrücke“ stehen.

Also auch mehr Freiheit in kleiner Münze, mehr Möglichkeiten dazu, die eigene Individualität ins Spiel zu bringen. Damit wird es aber gleichzeitig schwieriger, einen Konsens in den Entscheidungen zu erreichen. Der

Individualismus verhindert oftmals Gefolgschaft und Einsicht. Wie schwer es etwa Einsichten des Umweltschutzes haben, hier Land zu sehen, braucht nicht extra betont zu werden. Das für richtig Erkannte ist nicht einfach zu vermitteln, zumal sich für jede Idee ein Experte finden läßt. Trotzdem: Man darf sich heute nicht mehr der Mühe entziehen, Verantwortung für die Zukunft zu übernehmen, das heißt, sich einzumischen in das gesellschaftliche Geschehen. Und dort, wo sich kein Konsens finden läßt, wie beispielsweise beim wirtschaftlichen Aufbau in den neuen Bundesländern, sollte man sich zurückhalten. Wer aber Verantwortung predigt, indem er den anderen Unverantwortlichkeit vorwirft – und welcher Politiker kennt dieses Spielchen nicht –, hilft niemandem und der Sache auch nicht weiter.

Mehr Freiheit bedeutet aber auch mehr Unsicherheit und Unberechenbarkeit. Wir wissen oft nicht mehr, was wir in einer bestimmten Situation konkret tun sollen. Wer entscheidet über die Probleme, die uns alle angehen? Im Umwelt-, Sozial- und Wirtschaftsbereich. Welche Themen genießen Priorität? Ist der Tropenwald wichtiger als die Sozialhilfe? Ist der Bau eines Staudamms in der Dritten Welt wichtiger als das Schicksal eines kurdischen Asylbewerbers? Wir haben die Verantwortung.

Eines ist dabei klar: Mehr Freiheit führt nicht zwangsläufig zu weniger Verantwortung. Mehr Freiheit macht nur deutlicher, welche Verantwortung wir Menschen zu übernehmen haben. Sicher wählt jeder seine Prioritäten nach seiner Einschätzung – dem einen ist das Wohl der Alten eben wichtiger als das der Umwelt. Dies muß man in einer Demokratie hinnehmen, auch wenn zu guter Letzt ein Ergebnis gefunden wird, das man selbst nicht für richtig hält.

So bleibt festzuhalten: Nicht der Individualismus ist eine Bedrohung, sondern der unvernünftige Gebrauch dessen, was wir bis heute alles erschaffen haben. Ich plädiere deshalb auch bewußt weiterhin für eine Aufklärung der Massen, aber nicht geführt von den ewigen Besserwissern mit erhobenem moralischen Zeigefinger, sondern als informelle Serviceleistung für den Bürger. Aufklärung hat nicht andere und bessere Menschen zum Ziel, sondern die schrittweise Erweiterung der Felder, auf denen man Vernunft gebraucht. Beispielsweise in der Politik: Mit dem Umbruch in Ost und West haben sich die Anforderungen an die politische Bildung geändert. Staatsbürgerkunde ist in dieser Hinsicht eine politische Serviceleistung für den Bürger und nicht der Ring für ideologische Faustkämpfe. Diese Serviceinformationen bedürfen eines kompetenten Mediums.

Wer, wenn nicht der PC, wird der Hauptakteur dieser Entwicklung sein? Er unterscheidet und koordiniert die eingehenden Daten, wählt aus der dichten Informationsfülle nach den gewünschten Kriterien aus. Er ordnet widersprüchliche Informationen wieder ihrem eigentlichen Zweck zu. Wer ihn benutzt, der besitzt das informative Rüstzeug, sein Verhalten zu bestimmen und Entscheidungen zu treffen. Der PC wird zum Medium der neuen Aufklärung, in der nicht Ideologien, sondern Datenbänke die Sachentscheidungen von morgen bestimmen.

Die Informationsgesellschaft ist eine aufgeklärte Gesellschaft, die ihre Informationen durch schnelle PCs verbreitet und aufbereitet. Dadurch sollen möglichst viele Menschen ein Bild von dem bekommen, über was sie urteilen sollen. Natürlich darf man nicht außer acht lassen, daß mit der PC-Anwendung auch die Datenfülle ansteigt. Schon hört man vom Schreckensszenario, daß wir alle in der Informationsflut ertrinken, weil wir uns völlig verwirrt nicht mehr orientieren können. Eines ist sicher: Wir würden schon längst in unserer Informationsgesellschaft ziellos umherirren, hätten wir weltweit nicht die Millionen von PCs im Einsatz, die uns täglich aus dem Gestrüpp der Datenschleifen heraushieven. Ohne PCs wären wir die Opfer in der täglichen Informationsschlacht.

Mit den PCs werden wir vielleicht zu verantwortungslosen Tätern, aber auch zu vernunftorientierten Benutzern einer Sachlogik, die nicht unbedingt im globalen Umweltholocaust enden muß. Die Anwendung des PCs benötigt Verantwortung, klarer Fall, aber der PC kann uns auch helfen, diese Verantwortung auszuüben.

Kapitel 4
Rettungsringe in der Informationsflut

Wissen ist mehr als Macht

Hören einige von uns beiläufig das Schlagwort Informationsgesellschaft, mögen sie zwar nicken, haben aber meist nur eine vage Vorstellung davon, was damit gemeint ist. Doch nur weil es sehr viel mehr Informationen als früher gibt und diese noch dazu schneller transportiert werden, ist noch lange nichts darüber gesagt, ob die entsprechende Gesellschaft wirklich besser informiert ist und ob sie mit diesen Informationen auch richtig umgeht. Gerade wir PC-Leute, die wir ja ein besonderes Verhältnis zur Beschaffung, Bearbeitung und Weitergabe von Informationen haben, müssen uns das immer wieder vor Augen halten.

Immer mehr Menschen bearbeiten und tauschen etwas aus, was man Information nennen kann. Im Hintergrund steht der Mythos einer informierten Gesellschaft, in der es so rational wie möglich zugeht. Planung heißt das Zauberwort, das allen Vorgängen voransteht und den späteren Erfolg bereits vorwegnimmt. Daß dies nicht immer so erfolgreich abläuft wie gewünscht, wurde bereits dargestellt. Der Punkt, auf den es mir viel mehr ankommt, ist das Wissen. Mit ihm steht und fällt jede Planung.

Unser verfügbares Wissen ist in den letzten beiden Jahrhunderten gigantisch angewachsen; das wissenschaftlich gesicherte Wissen wächst seit geraumer Zeit exponentiell an. Das bedeutet natürlich eine immer kürzer werdende Lebensdauer der gewonnenen Erkenntnisse. Wer am Ball bleiben will, muß sich ständig informieren und auf dem laufenden bleiben. Wie hat es der britische Komponist Benjamin Britten doch einmal so treffend formuliert: „Lernen ist wie Rudern. Sobald man aufhört, treibt man zurück." Wer kann schon heute über alles gleich gut informiert sein? Es ist also wichtig, Prioritäten zu setzen und das Wissen zu erweitern, das einem am wichtigsten erscheint.

Der Wissenschaftler wird so zum Spezialisten oder „Fachidioten", wie es der Volksmund abfällig nennt. Der Manager setzt in seinem Entscheidungsbereich nur zum Teil eigenes Wissen ein, in der Hauptsache aber wird er das Wissen seiner Mitarbeiter nutzen. Er wird also informiert. Die Mitarbeiter werden selbstverständlich versuchen, ihre eigenen Vorstellungen und Interessen einzubringen. Dadurch entwickeln sich Abhängigkeiten zu den eigentlichen Inhabern des Wissens. Wer immer mit Mitarbeitermotivation zu tun hat, muß sich mit diesem Aspekt auf die eine oder andere Weise herumschlagen.

Wir werden aber auch abhängig von unseren eigenen Erkenntnissen und Erfahrungen. Wer glaubt, über alles verfügbare Wissen gewissermaßen Bescheid zu wissen, der täuscht sich gewaltig. Er wird eher zum Opfer, weil er nicht rechtzeitig die Informationsflut kanalisiert und begrenzt hat. Was bis jetzt noch relativ kompliziert klingt, hat eine einfache Konsequenz: Nicht die Menge der Informationen ist wichtig, sondern das, was man daraus macht. Man muß mit dem Wissen umgehen können. Dies zu erlernen und damit professionell zu „dealen", zeichnet die aufgeklärte Gesellschaft von heute aus. Wenn etwa ein

Journalist über das Urteil in einem Mordprozeß berichtet, wird er, sofern er der seriösen Presse angehört, auf eigene Spekulationen und Vermutungen verzichten, obwohl es ihn natürlich reizen würde, seine zusätzlichen Informationen an den Leser zu bringen. Er ist dann im Ergebnis mit seinem Wissen verantwortungsvoll umgegangen, während wahrscheinlich der Kollege von der Regenbogenpresse genüßlich das vermutliche Innenleben des Täters vor dem Leser ausbreitet, ganz gleich, ob seine Vermutungen nun zutreffen oder nicht.

So hat jeder seine eigene Methode, mit Wissen umzugehen. Ein Physikprofessor beispielsweise wird die Forschungsergebnisse seiner Assistenten anders lesen als der Bürgermeister einer Kleinstadt, der das Für und Wider eines Parkverbots in der Innenstadt zu erörtern hat. Auch er hat es zwar mit harten Fakten zu tun, muß aber noch zusätzlich das „Raunen und Meinen" berücksichtigen, das ihm von allen Seiten zugetragen wird. Die Beschäftigung des Physikers mit den neuen Erkenntnissen in seinem Fachgebiet mag deshalb methodisch leichter aussehen als die Mühen eines Betriebsleiters, aus dem Wust an Kundenschreiben, Presseberichten und vielem mehr immer wieder das Wichtige vom Unwichtigen zu trennen. Die Anforderungen sind jeweils völlig verschieden. Doch jeder systematische Umgang mit Informationen ist erlernbar. Der PC hat dabei den entscheidenden Vorsprung, weil er spezifisch angewendet werden kann. Er ist der Gedächtnisfilter, ohne dessen Hilfe die Komplexität der Ereignisse nicht sichtbar gemacht werden könnte.

Entscheidend aber ist, daß unser Wissen in erster Linie nicht mehr die Macht einiger weniger vermehrt, sondern im Wissenspool unserer Gesellschaft allen zur Verfügung steht. Ein gutes Beispiel ist die von dem schweizer

Computerexperten Peter Binz entwickelte Software für Apple, mit der spezielle lebenswichtige ökologische Daten, wie etwa die jeweilige lokale Ozon- oder CO_2-Belastung, weltweit angefordert werden können. Noch vor Jahren waren diese Zahlen nur wenigen Wissenschaftlern und Politikern zugänglich, heute ist dieses Programm in vielen europäischen Schulen im Einsatz. Der Erfinder ist sogar der Meinung, daß mit dieser Demokratisierung bei der Weitergabe von lebenswichtigen Erkenntnissen keine Vertuschung von negativen Entwicklungen und Problemen mehr möglich ist.

Wie orientiere ich mich an meinem Wissen?

Nehmen wir einmal folgenden Fall an: In einer größeren Stadt findet eine Stadtratssitzung statt. Wie immer gibt es viel zu viele Tagesordnungspunkte, für deren Abhandlung nur eine begrenzte Zeit zur Verfügung steht. Bebauungspläne und Straßenbauten werden ohne größere Diskussionen abgehakt. Dann aber kommt es plötzlich zum Streit: Im ersten Augenblick banal, ist doch auf einmal im Zusammenhang mit einer größeren Finanzierung von der Bonner Finanzpolitik oder von der des Landes die Rede. Jetzt wird heftig gestritten, kann sich doch jeder auf Fixpunkte und festgefügte Fronten zurückziehen. Parteipolitisches Gezänk löst die sachgemäße Beratung über die eventuelle Straßenerneuerung ab.

Was ist passiert? Vorurteile prägen oft genug wichtige Entscheidungen. Deshalb ist es unabdingbar, mit seinem Wissen geordnet und methodisch umzugehen. Stammtischgespräche erörtern den Aufbau in den neuen Bundesländern sicher anders als der Sachverständigenrat der Bundesregierung. Informationen müssen mit derlei

Unterscheidungen auch eingesetzt werden. Betrachtet man sich bisweilen das Niveau parteipolitischer Auseinandersetzungen, ist man sich allerdings dieser Tatsache nicht immer gewiß.

Für das praktische Leben ist dies alles ungemein schwierig. Rationaler Umgang mit Wissen widerspricht der angeborenen Spontaneität, verlangt eine fast perfide Gründlichkeit und wird durch die Informationsflut im täglichen Leben auch ständig erschwert.

Der PC ist auch hier der Helfer am richtigen Platz, hilft er uns doch, unsere Entscheidungen vorzubereiten und zu strukturieren. Seine Speicherfähigkeit kann das Gedächtnis entlasten, erzwingt aber auch Unterscheidungen und Zuordnungen. Dadurch erleichtert er die Informationsverarbeitung. Und das allerbeste: Der PC zwingt uns zu einem methodischen Vorgehen, das die Vorurteile dort läßt, wo sie hingehören: im stillen Kämmerlein.

Die Welt auf unserer Wellenlänge

Wer intensiv am PC arbeitet, Programme benutzt und sie vielleicht sogar erweitert, der erfährt Neues aus der Wirklichkeit, indem er sie durch das Gerät neu konstruiert und wahrnimmt. Gewöhnlich nutzen wir ja unsere fünf Sinne zur Wahrnehmung der Vorgänge, die sich um uns herum abspielen. Der PC jedoch nimmt die Welt nach unserer Vorgabe auf, wodurch eine Vielzahl von neuen Wirklichkeiten entstehen. Man könnte sogar überspitzt sagen: Jeder PC erzeugt seine eigenen Welten.

Praktisch sieht das dann in etwa folgendermaßen aus: Eine Person wird LeiterIn eines Betriebes, den sie bis dato nicht gekannt hat. Zu Anfang wird sie mit den spezifischen, hauseigenen Vorgängen und Abläufen im Betrieb konfrontiert.

Soweit diese mit ihren Erfahrungen übereinstimmen, ergeben sich keine Probleme. Wo es allerdings Abweichungen gibt, wird die Sache komplizierter. Es kommt auch vor, daß jemand den Betrieb völlig umkrempelt, nur weil er nicht ins eigene Erfahrungsbild paßt. Oft läuft es so ab – und damit in den Graben. Es geht aber auch anders.

Geht man nun mit diesen Informationen auf rationale Weise um, wird es einem leichter fallen, etwas hinzuzunehmen, das eventuell nur mit großem Arbeitsaufwand zu beseitigen wäre. Vielleicht wird man sogar versuchen, ein „offenes" Verhältnis zur neuen Arbeit und zu den Mitarbeitern zu gewinnen. Es ist nach wie vor unmöglich, ohne seine eigene Welterfahrung, sozusagen unvorbelastet, eine neue Tätigkeit aufzunehmen. Ein Schwabe würde sagen: „Gott gebe mir die Gelassenheit, Dinge hinzunehmen, die ich nicht ändern kann, den Mut, Dinge zu ändern, die ich ändern kann, und die Weisheit, das eine vom anderen zu unterscheiden."

Fazit: Die aufgeklärte Gesellschaft, die ständig Informationen produziert und verdaut, benötigt einen rationalen Umgang mit dieser gewaltigen Wissensmenge. Wer nicht in der Datenflut untergehen will, der braucht Distanz und Methodik, um sich orientieren zu können. Ansonsten wären wir alle willenlose Kasperln, die in passiver Haltung von den Informationen überschwemmt werden würden.

Nehmen wir nur einmal die Tageszeitung, die jeder von uns zur Informationsaufnahme benutzt. Man sucht sich doch die Teile und Sparten aus, für die man sich bewußt interessiert. Der Rest wandert ungesehen auf die Datenmüllhalde. Bei den Fernsehnachrichten ist diese Auswahl schon schwieriger, weil man erst nach Aufnahme der Nachricht entscheiden muß, ob man sie wie auch immer speichern möchte.

Dies übernimmt vorbehaltlos der PC, der unabhängig von persönlichen Vorlieben arbeitet. Für ihn ist eine Nachricht über ein Unwetter in China genauso relevant wie der Zustand des deutschen Waldes. Er ist sozusagen das ideale Medium der Aufklärung, selektiert und speichert er alle Arten von Daten. Dabei besteht natürlich die Gefahr der Manipulation. Man wählt nur die Informationen aus, die man für seine Argumentation und Strategie benötigt. Etwas auszuklammern und der Öffentlichkeit vorzuenthalten hat gefährliche Folgen.

Die Werbung lebt von diesem Geschäft. Angepriesen wird nur, was zum Kauf des Produkts anreizt. Und wenn Politiker ebenfalls mit dieser „Bauernschläue" agieren, kann es bisweilen zu heiklen Situationen kommen, wie das Gerangel um die Steuererhöhungen zur Finanzierung des Aufbaus im Osten deutlich zeigt.

Deshalb gilt als oberste Maxime auch für den PC-Anwender: Die Auswahl des Wissens hat so zu erfolgen, daß man die Argumente und das Tun anderer immer in die eigene Strategie miteinbezieht. Nichts darf verschwiegen oder vertuscht werden.

Man könnte sagen, etwas blauäugig dieser Apple-Typ, Sie werden aber im Laufe des Buches noch genauer erfahren, wie ernst es mir damit ist.

II.

Gegenwart und Zukunft des Personal Computers

Kapitel 5
Einsatz nicht nur in Manhattan - der PC als Partner

Selbst wenn Kojak über die Straßen von Manhattan fegt und mit einem „Entzückend Baby“ wieder einen Fall gelöst hat, verdankt er dies nicht nur seiner treffsicheren Logik, sondern auch der Benutzung eines polizeieigenen PCs.

Der technologische Stand des Personal Computers ist dabei auch die Geschichte seiner verschiedenen Generationen und seiner sich ständig verbessernden Anwendungsmöglichkeiten. Am Anfang versuchte man die großen Rechenanlagen durch Geräte zu ergänzen, über die eine Kommunikation mit den Rechnern ermöglicht und damit Lochkarten und andere Hilfsmittel überflüssig werden sollten. Die Datenverarbeitung funktionierte nur innerhalb des angestammten „Systems“, der Arbeitsplatz ließ sich also nur unter seinen eigenen Bedingungen nutzen.

Der PC brach aus diesem Systemzwang aus und ermöglichte zugleich die unmittelbare Hinwendung zum tatsächlichen Benutzer des Geräts. Dies wurde zur Firmenphilosophie schlechthin, die die Väter und Mütter dem PC in die Wiege legten. Nachdem der erste Apple in einer Garage entwickelt worden war, kündigte die Firma, für die Konkurrenz etwas überraschend, ein in Hard- und Software selbständiges und vielfach verwendbares Gerät an. Zielgruppe waren dabei nicht so sehr Firmen oder

Organisationen, sondern einzelne Anwender. Diesen sollte im Programmbereich eine Grundausstattung vorgelegt werden, die sie dann bedürfnisgerecht weiterentwickeln konnten. Apple war und ist heute noch darauf aus, die dabei entstehenden Innovationen für seine Produkttechnologie zu nutzen. Vielerorten wurde Apple dabei vorgehalten, daß die Produkte der Firma nicht oder kaum ausreichend kompatibel waren. Wir können aber nicht leugnen, daß dies für uns eher von Vorteil war, ein kleines, autonomes System anzubieten. Gleichwohl gibt es derzeit Bestrebungen, mit IBM zusammen in eine größere Softwarezukunft einzusteigen.

Apple, seine Geschichte und Konkurrenz wären sicherlich ein buchfüllendes Thema. Auch über die kurze, technische Geschichte des PCs ließe sich manch langer Winterabend füllen. Uns interessiert aber vielmehr die Reise des PCs vom großen und vernetzten Maschinenungetüm hin zum kleinen, autonomen Portable unserer Tage. Dies führte ja letztlich zu einer Arbeitsteilung zwischen den großen Systemen und den Einzelgeräten, wobei wir nicht vergessen dürfen, daß auch letztere zu größeren Einheiten vernetzt werden können.

Der Hauptunterschied liegt eigentlich darin, daß beispielsweise große Unternehmen ein umfangreiches System aufgrund seiner Anwendungsmöglichkeiten einführen, um dann das Ganze oft gemeinsam mit dem Anbieter bedarfsgerecht auszubauen. Bildlich gesprochen ist dies der komplizierte Weg in ein Labyrinth, bei dem man eines kompetenten Führers bedarf. Der PC wird demgegenüber heute eher als Einzelgerät gekauft, wobei er individuell zu einer größeren Konfiguration ausgebaut oder gar, wenn mehrere beteiligt sind, weiter vernetzt werden kann. Das bringt entscheidende Vorteile: Man kann gemeinsam größere Rechenanlagen nutzen oder sich zusammen an externe Datenbanken anschließen lassen. Um im Bild zu bleiben, wäre dies eine Orientierungsmöglichkeit im Labyrinth ohne die Dienste eines kundigen Führers.

Der PC – schon ein Alltagsprodukt?

Der neue Individualismus ist, wie erwähnt, ein Ausdruck des herrschenden Zeitgeistes. In ihm bietet sich der PC jedem einzelnen als ein Mittel an, das die Erfordernisse der Zeit bewältigen kann: Er paßt sich den jeweiligen Bedürfnissen an und läßt sich formgerecht weiterentwickeln. Das Ganze passiert in Form eines „herrschaftsfreien Diskurses“, den der deutsche Sozialphilosoph Jürgen Habermas seit langem vehement von allen Informationsakteuren in dieser Gesellschaft fordert. Der PC und seine Anwender interagieren zwar über gegenseitige Befehle, dies aber als gleichberechtigte Partner, um das beste Ergebnis zu erzielen. Sie haben, wie es im Managerdeutsch heißt, eine beiderseitige Gewinnbeziehung aufgebaut. Im Verhandeln sind sie nahezu unschlagbar. In ihrem Dialog, in dem im Frage- und Antwort-Spiel gemeinsam geklärt wird, was geht und was nicht geht, sprechen sie miteinander, ohne den anderen partout zu überzeugen oder in die Ecke zu drängen. Sie ziehen gemeinsam an einem Strang. Wie schön wäre es, wenn man das von unseren sozialen Beziehungen auch sagen könnte.

Nachdem der PC mittlerweile sogar in Kaufhäusern zwischen Tomaten und Unterwäsche zum Verkauf angeboten wird, kommt man fast nicht mehr umhin, ihn als Produkt des täglichen Lebens zu bezeichnen. Als Terminkalender, Notizbuch, Archiv, Adreßverzeichnis, Schreibmaschine und vieles andere mehr hat er seinen Siegeszug begonnen, schon allein deshalb, weil man sich durch seine Benutzung auf die wesentlichen und angenehmen Dinge des Lebens konzentrieren kann. Man entlastet und stützt sein Gedächtnis. Manche Menschen, die immer noch mit einem Knoten im Taschentuch herumlaufen oder denen beim Öffnen ihres Portemonnaies die Erinnerungszettel geradezu herausfallen, würden sich bisweilen die Segnungen eines PCs oder Laptops wünschen, auch wenn sie der Technik im Moment noch zurückhaltend gegenüberstehen.

Blicken wir doch nur einmal in einen Bereich, der heute jedem Menschen als Selbstverständlichkeit gilt: die automatische Kontenführung bei den Banken und Sparkassen. Obwohl es ja noch einige Zeitgenossen gibt, die im Sparstrumpf oder gar im Mauerwerk eingeschlossen ihre Reichtümer deponieren, hat sich jeder an die Vorteile eines Kontoauszugs gewöhnt. Der kurze Überblick über die jeweilige Finanzsituation erspart einem die Mühe, das Geld im Sparstrumpf immer wieder nachzuzählen.

Natürlich gibt es immer noch viele, die die Vorteile einer übersichtlichen Termin- und Zeitplanung mittels PC noch nicht zu schätzen wissen, die sich auf die Sekretärin oder andere probate Mittel verlassen. Es gibt allerdings nur wenige, die einmal versucht haben, mit einem PC zu arbeiten und daran gescheitert sind.

Ich will damit nicht behaupten, daß man nicht scheitern kann. Der Umgang mit dem PC will gelernt sein, das Gerät ist ohne Systemkenntnis nicht so ohne weiteres zu beherrschen. Als die großen Computer entstanden, waren zuerst Computersprachen nötig, um Worte und Zahlen so zu übersetzen, daß sie der Computer verstand. Der PC-Benutzer von heute kann über solche Schwierigkeiten nur noch lachen. Das Betriebssystem, mit dem er es zu tun hat, ist relativ einfach. Und daß wir von Apple in Sachen Benutzerfreundlichkeit die Nase vorn haben, kann man sich gerne bei der Konkurrenz bestätigen lassen.

Wer heute seine Terminplanung erstellen will, der kann sich weitgehend auf den inhaltlichen Teil konzentrieren, weil sich der formale Teil von selbst erledigt. Was sich dabei noch nicht von selbst ergibt, ist durch einfache Symbole und Begriffe erläutert. Und schon steht der nächste Quantensprung bevor.

In absehbarer Zeit werden PCs auf die natürliche Sprache reagieren, womit die lästige Eingabe über Tastatur wegfällt. Stellen Sie sich vor: Sie sitzen eines Tages vor Ihrem PC und erledigen Ihre Alltagsgeschäfte im sprachlichen Dialog mit dem Gerät – welche Erleichterung für diejenigen, für die die herkömmliche Eingabe immer noch eine Hürde darstellt.

Die Zeit wird darauf keine Rücksicht nehmen. Die Entwicklung der Kommunikationstechnologien bildet uns alle technisch fort. Gleichzeitig werden die Bedienungsanleitungen zunehmend einfacher. Wie hat man noch anfangs über die „Maus“ gelächelt, sie als Spielzeug abqualifiziert, als Apple sie hoffähig machte. Ziel war dabei selbstredend die Verbesserung der Bedienerfreundlichkeit, obwohl der Umgang mit Programmtasten als weitaus seriöser galt. Die „Maus“ hat sich durchgesetzt. Heute werden die Programmanweiser per Tastatur belächelt.

Selbst Anwender, die wenig einzugeben haben und den PC als Informationshilfe benutzen, schwören auf die Maus. Mit ihr lassen sich in Windeseile Dateien und Fenster öffnen, Vergleiche ziehen, Informationen miteinander in Beziehung setzen, Sachverhalte hinterfragen und Zahlenkolonnen in eine Grafik umsetzen. Der Manager oder Sachbearbeiter von heute erwartet eine schnelle, unkomplizierte, unmittelbar einleuchtende und absturzsichere Bedienerführung. Gerade deshalb war die Maus ein wichtiger Schritt aus dem Dunkel langwieriger Tastaturschritte ins Licht des effizienten, kurzen „Klick".

Eines läßt sich aber nach wie vor nicht ändern: Der PC hat ein Betriebssystem, das nach bestimmten Regeln funktioniert. Diese Ordnung muß man respektieren und einhalten. Beispielsweise durch ein Passwort, das den direkten Zugang zu den gespeicherten Daten abschirmt. Was hier im ersten Moment banal klingt, führt zu einer wichtigen Erkenntnis: Indem der PC von uns eine formale Ordnung verlangt, erleichtert er den geordneten Umgang mit den Informationen. Wer hier nicht systematisch vorgehen will, der landet im Chaos eines undurchdringlichen Informationsdschungels. Der PC ermöglicht ein ordentliches, überlegtes und planmäßiges Verhalten. Dies muß man wissen, es erinnert uns aber auch gleichzeitig daran, nicht einfach nur geblendet von den Möglichkeiten Partei für das Neue zu ergreifen. Der ordentliche und geplante Umgang mit Wissen muß nicht immer sinnvoll sein und birgt natürlich die Gefahr in sich, auf das Gerät abzuschieben, was sich im Hirn abspielen müßte. Der PC kann unsere Spontaneität und Kreativität lähmen, aber nur dann, wenn man sich zu sehr auf ihn verläßt. Die Tatsache, einen PC zu besitzen, heißt noch lange nicht, einen spannenden Roman schreiben zu können. Hier stehen noch immer sensible Empfindungs- und Denkvorgänge im Vordergrund. Kein PC der Welt kann diese ersetzen.

Ich will nur prophylaktisch auf solche Einschränkungen hinweisen, verliert man doch leicht im Hinblick auf die

Segnungen des PCs den Blick für seine „natürlichen" Grenzen. Daß man sich den Alltag mit dem PC erleichtern kann, ist aber genauso unstrittig. Wie gesagt, der PC ermöglicht einen rationalen Umgang mit der Welt und hilft uns, in ihr eine Ordnung zu finden. Daß diese nach unserer Façon geschnitten ist, versteht sich dabei von selbst. Jeder PC hat das angesprochene Betriebssystem. Man kann es aber sehr individuell nutzen.

Wie sich der PC die Welt zurechtlegt

Durch unseren sorgfältigen Umgang mit Informationen strukturieren wir ganz bewußt unsere Umwelt, trennen das Wichtige vom eher Unwichtigen und treffen aus dieser Systematik heraus oft unsere Entscheidungen. Wer seit 20 Jahren mit der Familie den Urlaub am Gardasee verbringt, dort mit den örtlichen Gastronomiebesitzern per du ist, wird gerne wieder hinfahren, weil er alles kennt und weiß, was ihn erwartet – wahrscheinlich des Deutschen liebster Urlaub. Andere wiederum werden eher spontan reisen, im Urlaubsland hin- und herfahren, wie es ihnen gefällt. Schließlich kann man seinen Urlaub auch mit der Präzision eines schweizer Uhrwerks vorbereiten und planen, sich detailliert über das Wunschland informieren, und am Schluß, wenn alles vorbei ist, ernüchtert sein, daß die Erwartungen so schmählich enttäuscht worden sind. Ein Patentrezept für die richtige Urlaubsplanung gibt es sowieso nicht.

Bei längerfristigen Planungen und Festlegungen wird man allerdings auf rationale Argumente nicht verzichten wollen. So wird man heute wenige Menschen antreffen, die „aus dem Bauch" heraus die Baufinanzierung ihres geplanten Eigenheims entscheiden.

Unsere Umwelt ist seltsamerweise jeden Tag von unseren persönlichen Bewertungen und Entscheidungen abhängig. Wir konstruieren sie, jeder für sich, immer wieder neu. Dieses Konstrukt verändert sich häufig und bisweilen ganz plötzlich, weil wir uns natürlich verändern wie auch die Umwelt selbst. Am besten läßt sich dies erleben, wenn man längere Zeit im Ausland verbracht hat und wieder in seine Heimat zurückkehrt. Wir müssen uns dann erst wieder zurechtfinden. Die Umwelt immer wieder aufs neue zu strukturieren bedarf deshalb einer ausgeprägten Flexibilität.

Wer es noch nicht glaubt: Der PC wird dafür das entscheidende Medium in der Zukunft sein. Daß man ins Büro oder nach Hause kommt und im PC nachsieht, ob Nachrichten eingegangen sind, daß man in der Nachrichtensendung eine Meldung hört, die man mittels PC schneller verifiziert als mit Nachschlagewerk, oder daß man im PC seine Termine speichert und von ihm notfalls gewarnt wird, und daß schon in Kürze der PC mit uns sprechen wird, auf Termine, Mitteilungen anderer, Bitten, Rückrufe und derlei mehr hinweisen wird, löst zwar bei vielen skeptisches Kopfschütteln aus, ist aber genau der Stoff, aus dem die Zukunft gestrickt wird.

Diese Fülle von Daten zu koordinieren und schließlich auch darzustellen oder zu präsentieren ist das große Plus der PCs von morgen. Selbst Leute mit Berührungsängsten sind froh um die Anschaulichkeit komplexer Vorgänge durch Grafiken, die einem auch die Lücken und Fehler der eigenen Tätigkeit schonungslos aufzeigen. Denn multidimensional zu denken ist leider noch dem menschlichen Gehirn vorbehalten. Der PC aber macht's möglich. Will ein Betriebsleiter zum Beispiel für eine Planung Zeiträume, Verkaufsgebiete, Kosten, Kunden, Kapazitäten und dergleichen auf einen aussagekräftigen Nenner bringen, dann müssen alle diese Informationen miteinander verknüpft werden. Das heißt auch: Wird nur eine Dimension geringfügig verändert, sollen sich alle anderen Parameter wie von selbst angleichen. Wenn der ganze Vorgang dann noch grafisch auf einen Blick vorliegt, hat der PC sein Soll erfüllt.

Genau ein solches Programm besitzt Apple mit macControl. Dessen Erfinder Erich Breitschwerdt erklärt es folgendermaßen: „Es kam mir darauf an, ein Unternehmen in all seiner Komplexität durch macControl abbilden zu können. So wurde das Programm multidimensional und damit auch dem Anspruch der Dynamik gerecht. Denn jedes Unternehmen hat eine Vergangenheit, aus der es lernen will, und eine Zukunft, die es planerisch in den Griff bekommen will."

Im Endeffekt, und das knüpft direkt an unsere theoretischen Erwägungen kurz vorher an, geht es um nichts anderes, als mit einer formalen Vorgabe die Umwelt zu strukturieren und sich darüber einen schnellen Überblick zu verschaffen. Schon finden sich diese Programme überall dort, wo planvoll gehandelt und koordiniert werden muß. Die alte Stecktafel zur Illustration der letzten Verkaufszahlen hat ausgedient.

Bei alledem bleibt der PC ein Werkzeug. Auch früher gab es natürlich hervorragend gezeichnete und beschriftete Netzpläne für große Projekte, die einen komplexen Ablauf erforderten. Solche Pläne mögen zwar in unseren Augen mit sehr einfachen Hilfsmitteln gezeichnet worden sein, aber sie funktionierten ebenso zu jedem Zeitpunkt der Realisierung. Der PC will dieses Können vergrößern, weil er mehr Daten verarbeiten und korrelieren kann. Die heute entwickelte Software hat sich zudem den ganz individuellen Erfordernissen der Anwender angepaßt. Sie wird uns besser helfen, rational mit unseren Ressourcen umzugehen. Daß man das auch ohne den PC kann, ist kein Einwand. Mit seiner Hilfe kann man es aber leichter.

Der PC für jung und alt

Wir haben also gesehen, daß der PC auf die Bedürfnisse des Individuums hin konstruiert wurde. Er ist der „little helper" im Irrgarten der Informationsgesellschaft, der „transmitter" der Informationen zum einzelnen Bürger, das „Bindeglied" zwischen den einzelnen Informationsebenen – nicht nur ausschließlich für das Individuum, sondern auch für Betriebe und Unternehmen. Letzteres ein Umstand übrigens, den man Apple in der Vergangenheit gerne vorgeworfen hat, zu Unrecht, wie ich meine: Auch unsere Produkte können und sollen betrieblich genutzt werden. Allerdings sollten es schon Betriebe sein, die die Förderung der Kreativität aller Mitarbeiter zum Ziel haben.

Wie eindeutig und wirksam die Orientierung des PCs am Individuum ist, läßt sich besonders gut an den Bedürfnissen der älteren Zeitgenossen zeigen, was nicht heißen soll, daß wir den PC nicht auch gerne in jungen und dynamischen Händen sehen. Ich hatte ja bereits in einem der vorangegangenen Kapitel angedeutet, daß der PC einen unmittelbaren Anteil an der Lösung der Schwierigkeiten beim Älterwerden haben kann. Nun will ich etwas tiefer in die Materie einsteigen und dabei zwei Phasen unterscheiden.

Die erste Phase ist der Übergang von der aktiven Berufstätigkeit in den Ruhestand, heute oftmals von den Beteiligten als Bruch empfunden. Man verliert jeglichen

Kontakt zum früheren Arbeitsplatz. Schon nach kurzer Zeit ist man auch aus der Materie raus. Neue Produkte oder Verkaufsstrategien, Kundenwechsel, neue Lieferanten – schnell gehört man zum alten Eisen, mitleidsvoll belächelt bei den sporadischen Besuchen der früheren Arbeitsstätte. Selbst wenn ein Interesse besteht, den Ehemaligen vorübergehend wieder zu beschäftigen, lohnt sich das heute oft nicht mehr.

In einigen Jahren bereits wird sich das alles völlig geändert haben. Und zwar, wie ich meine, aus vier Gründen:

1. Personalmangel und zunehmende Schwierigkeiten, qualifiziertes Personal zu bekommen;

2. der technische Fortschritt ermöglicht neue, flexiblere Arbeitsplätze;

3. alle Beteiligten haben einen leichteren Zugang zu den relevanten Informationen;

4. Lebensgewohnheiten ändern sich und mit ihnen auch manche rechtliche Vorschriften.

Hat man einmal gutes Personal, wird man es unter allen Umständen halten wollen, auch um den Preis, den Mitarbeitern die Möglichkeit sanfter Übergänge aus der vollen Berufstätigkeit in Teilzeitbeschäftigung oder das Job-sharing zu geben. Das gilt im gleichen Atemzug auch für die älteren Kollegen. Der Betrieb bleibt also an ihnen interessiert, man vereinbart vielleicht in Zukunft ein längeres Übergangsstadium. Physisch wird der Mitarbeiter zwar seinen Arbeitsplatz räumen, seine Informationen werden aber mittels PC und Datenübertragung festgehalten. Der Rest ist Formsache: Der aktive „Methusalem“ von morgen sitzt zu Hause vor seinem PC und mischt noch kräftig in der Firma mit, vorausgesetzt, man beteiligt ihn auch an den Vorgängen, die ihn betreffen. Ja, man könnte das Ganze sogar etwas weiterspinnen und in der Übergangszeit Formen des Job-sharings realisieren, denn merke: Arbeit läßt sich auch leichter teilen, wenn man Informationen darüber leicht austauschen kann.

Das gilt im Grunde genommen auch für alle anderen Arbeitsverhältnisse. Heute müssen Mitarbeiter doch nicht mehr stur ihren 8-Stunden-Tag im Geschäftsbüro „herunterrattern“. Die Kommunikation mit einem Mitarbeiter, der nicht im Betrieb ist, ist ungleich effizienter zu gestalten, weil es außer der zeitgleichen Anwesenheit und des Telefons mittlerweile adäquate Übermittlungsformen gibt – akustisch und visuell. Ein anschauliches Beispiel dazu bietet der Mutterschaftsurlaub, mittlerweile eine fast selbstverständliche soziale Errungenschaft. Es wird gerade in Zukunft immer mehr junge Mütter geben, die nach der Geburt ihres Kindes den Kontakt zum bisherigen Arbeitsplatz halten und gegebenenfalls auch weiterhin mitarbeiten möchten. Der PC erschließt auch hier neue Dimensionen der Kooperation, sogar in diesem schwierigen Bereich, in dem die Zeiten als Mutter und als Berufstätige nur schwer unter einen Hut zu bringen sind.

Im älteren Lebensstadium, von dem hier die Rede sein soll, ist die Sache schon schwieriger. Alt, erkrankt oder sonstig behindert, fallen Menschen oft unverschuldet aus dem beruflichen Rahmen. Sie sind zumeist hilflos, bedürfen Angehöriger, Nachbarn oder gar der derzeit völlig überlasteten sozialen Dienste. Ihre Mobilität sinkt nur allzuoft auf den Nullpunkt – Vereinsamung und soziale Isolation sind die traurige Folge. Das können nur die allerwenigsten ertragen. Wirkliche Abhilfe ist nicht in Sicht. Es fehlt dafür an Personal und Geld, in den Großstädten reicht das Personal kaum für die Mindestpflege aus. Da mag es schon fast vermessen klingen, mit dem PC in eine hoffnungsvollere Zukunft zu blicken. Ich will es trotzdem wagen, schon allein, weil ich glaube, daß der PC als integriertes Kommunikationsmittel die Einsamkeit überwinden helfen wird. Dafür sprechen drei Gründe:

Erstens erzwingt die Benutzung eines PCs ein gewisses Maß an Ordnung und Logik. Man wird weniger leicht schludrig oder nachlässig – beides bekanntlich Zeichen des Alterns. Ferner trainiert man seine Merk- und Lernfähigkeit. Der PC weist unerbittlich auf Fehler hin, mit ihm läßt sich geistiges Neuland erschließen. So läßt sich auch im Alter erreichen, daß man sich selbst Informationen verschafft und über Disketten vielfache Anregungen erhält. Fortbildung und Unterhaltung sind zwei Schlagworte, die bei der Freizeitgestaltung älterer Bürger einen hohen Stellenwert haben. Der PC als Multi-Medium erschließt diese neuen Anwendungen, seien es beispielsweise nur die aktuellen Video- oder Schachspiele. Positiv ausgedrückt: Alleinsein wird zur Lebenschance, weil man mit der Welt in Kontakt bleibt. Heute mag das noch etwas fremdartig klingen, morgen aber schon wird es weitaus gebildetere alte Leute geben, die sich in ihr einsames „Schicksal“ nicht so ohne weiteres ergeben wollen. Der PC-Umgang im Alter wird kein Neuland mehr sein.

Wer sich selbst und seine Umweltbeziehungen organisieren lernt, der bleibt am Ball. Denn sofern man unter körperlichen Behinderungen leidet, hat man im Alter noch größere Schwierigkeiten, geistig rege zu bleiben. Der leicht zu bedienende, notfalls auch vom Bett aus zu erreichende PC stellt in dieser Hinsicht ein wichtiges Hilfsmittel dar.

Ein Blick ins Kabinett der technischen Errungenschaften unseres Jahrhunderts hilft ebenfalls weiter, Vorbehalte abzubauen. Anfang der dreißiger Jahre galt vielen älteren Menschen das Radio noch als unheimliches Gebilde. Vor allem die propagandistische Benutzung im Nationalsozialismus erzeugte Vorbehalte. Erst spätere Generationen lernten einen mehr sinnlichen Umgang mit dem Gerät. Mit dem Fernsehen lief es kaum anders, obwohl uns die sinnliche Wahrnehmung hier schon relativ leicht fiel. Das Telefon wiederum konnte kein Bild des Gegenüber liefern. Viele ältere Menschen haben Schwierigkeiten im Umgang mit dem Telefon – technische, aber auch solche psychischer Art. Fragen wie „Störe ich mit meinem Anruf?" oder „Ist er wirklich nicht daheim oder nimmt er nur den Hörer nicht ab?" sind immer wieder gehörte Problemchen im Umgang mit dem Telefon. Ganz schlimm wird es in dieser Hinsicht beim automatischen Anrufbeantworter. Oft entfällt, nach Ertönen des Signaltons, Älteren dann das, was sie eigentlich sagen wollten. Lächeln Sie nicht darüber: Jeder von uns kennt diese kleinen Blockaden, wenn man auf Band sprechen soll.

Vor diesem Hintergrund wird rasch deutlich, wohin die Reise geht. Das Bildtelefon ist stark im Kommen, noch dazu, weil es mit dem PC zusammen ein fast unschlagbares Team bildet: Die Präsentation von Unterlagen und deren Korrektur wird so zum Kinderspiel. Ältere Schachspieler können miteinander spielen, ohne daß einer von beiden seine Wohnung verlassen muß. Auch im persönlichen Gespräch werden neue Formen der Kommunikation Einzug halten, bedenkt man nur die lästigen Nachteile des Telefons, das oft genug wegen Nichtanwesenheit des Gesprächspartners nicht funktioniert. Ganz anders mittels PC: Informationen können jederzeit übermittelt werden, man kann weitere Gespräche vorankündigen und die relevanten Informationen schon einmal vorab übermitteln. Kurzum: Die Kommunikation wird einfacher, bequemer und vielfältiger.

Der PC, so vermute ich, wird das Leben im Alter leichter und angenehmer machen. Pflegebedürftigkeit, vor allem das Warten darauf, daß jemand kommt, stellt sich anders dar, wenn man berechenbarer kommunizieren kann. Und man kann selbständig auswählen, was man mit dem PC tun will. Dies ist auch eine Form von Selbständigkeit. Es wäre aber gleichzeitig Illusion, den PC jetzt als Allheilmittel hinzustellen. Er liefert nur einen bescheidenen Beitrag, tun müssen es die Gesellschaft und der einzelne, wollen sie auch in Zukunft das Alter als normalen Lebensprozeß betrachten. Die besseren Rahmenbedingungen für alte Menschen in der Gesellschaft wird der PC nicht gestalten, er wird aber dazu beitragen, daß andere sie gestalten und sich darin wohl fühlen können. Nicht mehr und nicht weniger!

Kapitel 6
Mit dem PC an einem Tisch

Kommunikation ist das Zauberwort unserer Zeit. Wer sie zu beherrschen weiß und ihre Spielregeln kennt, der erhält Einlaß in die Informationstempel unserer Zeit. PR, Werbung, Medien, Marketing - die Grenzen sind längst fließend. Kommunikation ist alles - von face to face-Kommunikation bis zur Nachricht in der Zeitung. Die Forschung hingegen zappelt hilflos im Netz des übermächtigen Untersuchungsgegenstandes. Längst beschreibt sie nur noch als Chronist den Lauf der Ereignisse, beeinflussen kann sie ihn schon lange nicht mehr. Findige Rhetorik- und Verkaufstrainer schulen ihr Klientel, wie man etwa ohne Lampenfieber frei spricht oder gekonnt entscheidet. Ja, ganze Unternehmensberatungsbüros trainieren tagein, tagaus Mitarbeiter aus allen Bereichen der Wirtschaft.

Die Akteure der PC-Industrie sitzen bei alledem in der ersten Reihe, besitzen sie doch das nötige Know-how, wie in Zukunft Informationen unter Überwindung von Raum und Zeit übermittelt werden. Mit Schmunzeln dagegen betrachten wir heute rückblickend in einschlägigen Western die Anfänge des Postwesens und der Informationsübermittlung in den USA, als beispielsweise noch die Wells Fargo–Postkutschen durch die Prärie brausten.

Am anderen Ende dieser Kommunikationsentwicklung steht der PC, jener kleine, handliche Apparat, der nur noch einen Bruchteil der Energie seiner Vorgänger verschwendet. Er ist das Medium des ausgehenden 20. und wahrscheinlich des 21. Jahrhunderts. Und schon fragen die Pessimisten, ob wir uns zu Tode informieren oder gar, wie der Psychologe Neil Postman meint, zu Tode amüsieren. Warum wir in solchen Ausmaßen miteinander kommunizieren, stellt meines Erachtens einen Streit um des Kaisers Bart dar und ist Thema kulturkritischer Nörgler. Wir kommunizieren, um günstigstenfalls zu überleben und schlechtestenfalls zu zerstören. Information ist die eigentliche Währung unseres Zeitalters. Milliarden von kleinen, meist bezahlten Informationseinheiten wandern täglich um den Globus, nur weil nach ihnen gefragt wird oder weil sie anderweitig benötigt werden. Sie dienen im Idealfall der sozialen Orientierung des einzelnen. Natürlich werden Daten auch für Krieg, Unterdrückung, die Mißachtung von Menschenrechten, für kleine und große Verbrechen mißbraucht. Nur: Das technische Medium zeichnet nicht für die übermittelte Nachricht verantwortlich. Der Computer etwa, der den Ablauf des Golfkrieges steuerte, ist deshalb noch lange nicht böse, man könnte dasselbe Gerät genausogut für eine Hilfsaktion gegen die Hungersnöte in Afrika einsetzen.

Kritiker mögen jetzt einwenden, daß erst die Technologie den Ablauf eines modernen Krieges ermöglicht – lautlos und plötzlich. Dies stimmt für die zu militärischen Zwecken entwickelte Hard- und Software. Die PC-Hersteller dürfen damit nicht in einen Topf geschmissen werden. Unsere Produkte sollen der Menschheit dienen und nicht sie zerstören helfen. Insofern will ich die PC-Industrie von diesem Vorwurf freisprechen, solange sie humanen Zielen dient. Diese moralische Verpflichtung muß im übrigen jeder Berufstätige für sich tagtäglich neu klären. Natürlich auch wir von Apple.

Technovisionen

Konzentrieren wir uns aber jetzt wieder auf unser eigentliches Thema: die Kommunikation zwischen Menschen oder Informationssystemen. Heute kann jede Information unabhängig von Ort und Zeit übermittelt werden, weil es nicht mehr darauf ankommt, daß der Empfänger körperlich präsent ist. Er kann den Brief öffnen oder das Telefax durchschauen, wann immer er will. Auch die Botschaften in seinem PC warten darauf, abgerufen zu werden. Damit aber nicht genug. Unsere heutige technische Vision zielt darauf ab, daß künftig jede Nachricht zu jedem gewünschten Zeitpunkt an jeder gewünschten Stelle sein kann und der Empfänger entsprechend sofort reagieren kann. Wir von Apple haben zum Beispiel ein weltweit funktionierendes, internes Kommunikationssystem namens AppleLink. Wenn beispielsweise unser Boß John Sculley in Kalifornien eine Nachricht oder Anfrage an mich richten will, benutzt er dazu sein AppleLink. Egal, wo ich mich nun befinde, etwa in Paris in der europäischen Zentrale oder zu Hause, wenn ich wissen will, was es Neues gibt, kann ich in mein AppleLink wie in einen Briefkasten schauen. Ich kann so zu jeder Tages- und Nachtzeit mit jedem „Applianer" weltweit kommunizieren.

Um Ihnen zu beweisen, welchen Fortschritt dies eigentlich darstellt, lassen Sie uns gemeinsam etwas in der Geschichte der Kommunikation zurückblättern. Seit Beginn der postalischen Übermittlung hat man sich ja darum bemüht, die Übermittlung zu beschleunigen und zu sichern, daß der Adressat erreicht wird. Erst mit der Zeitung wurde dem Benutzer die Gelegenheit gegeben, sich mit Informationen nach eigenem gusto und freier Zeiteinteilung zu beschäftigen. Neuere Formen in der Geschichte der Massenkommunikation wie Hörfunk und

Fernsehen wiesen dieselben Probleme auf. Wer die Sendung zu einem bestimmten Zeitpunkt nicht mitbekam, der war von den übermittelten Informationen ausgeklammert. So kam es zunächst dazu, daß aufsehenerregende Sendungen so oft wiederholt wurden, bis man davon ausgehen konnte, daß die meisten Mediennutzer sie nun gesehen oder gehört hatten. Die Cassetten- und Videorecorder haben schließlich auch diese Barriere überwunden. Heute können Fernsehen und Hörfunk nach Belieben völlig individuell genutzt werden.

Nicht nur die Informationen wollten schnell transportiert werden, auch der Mensch selbst. Diese Analogie ist nicht ganz uninteressant. Wer früher reisen wollte, mußte sich auf sporadisch verkehrende Transportmittel verlassen oder alles selbst organisieren. Etwas später kam es zu regelmäßig verkehrenden Waren- und Gütertransporten sowie zur Reisepost. Fahrpläne wurden entwickelt, der Verkehr wurde berechenbar. Trotzdem war eine Reise mit der Bahn von München zum Tegernsee, zumindest was die Ankunftszeit betraf, damals ein kleines Abenteuer. Der Individualverkehr wurde mit dem Auto aus der Taufe gehoben, seine nicht immer segensreichen Folgen können heute erst in vollem Ausmaß betrachtet werden. Vor seiner Erfindung – und das wollen wir hier festhalten – träumten alle Menschen davon, schnell zu reisen. Die Kritiker des Automobils jedoch waren rar gesät.

Analog sind heute der umfassenden Information und jederzeit möglichen Kommunikation keine Grenzen mehr gesetzt. Der PC half das Raum-Zeit-Problem zu überwinden, ohne daß Sender und Empfänger gleichzeitig anwesend sein müssen. Am Horizont tauchen schon die ersten Bilder einer uneingeschränkten Kommunikation mit unbegrenztem Zugriff auf alle Informationen auf, die verfügbar, praktisch also gespeichert sind. Wir brauchen bald nicht mehr persönlich miteinander zu sprechen, weil wir telefonieren (per Bild und Wort), faxen, Konferenzschaltungen einrichten und mit Hilfe des PCs die relevanten Informationen in Grafiken, Statistiken und anderem mehr zusammenfassen können. PowerBook, Autotelefon und -telefax, schnurloses Telefon und so weiter und so fort – der Gipfel des Kommunikationsglücks erscheint uns schon greifbar nahe.

Auf den Rausch folgt die Ernüchterung

Bevor wir aber dabei abstürzen, kommen wir kurz wieder zurück auf den Boden des Lebensalltags.

Vor kurzem klagte mir ein Student sein Leid. Auf der Suche nach einem geeigneten Diplom-Thema dachte er sich, seine bescheidenen PC-Kenntnisse am institutseigenen Bibliothekscomputer auszuprobieren. Er gab also das passende Suchwort ein und wartete. Das Ergebnis war bedrückend. Über 2.000 Titel wurden genannt. Woher und wie sollte er sich darin einen Überblick verschaffen, die wichtige von der unwichtigen Literatur unterscheiden? Diese totale Information erschlug förmlich seinen Elan und seine Motivation.

Ein anderes Beispiel: die Arbeitsbedingungen in Finanzämtern bei der Veranlagung der Einkommensteuer. Die Mitarbeiter dort stehen ungeheuer in Zugzwang: Sie müssen in einer bestimmten Zeit eine riesengroße Zahl von Fällen bearbeiten. Die Zeit wird knapp, zumal sich das Gesetz, die Richtlinien ständig verändern und eine Flut von Urteilen der Finanzgerichte ebenfalls berücksichtigt werden muß. Diese kommen oft zu spät und können nicht sorgfältig genug berücksichtigt werden. Lachende Dritte sind die Steuerberater, die als Profis längst an Systeme wie DATEV oder JURIS angeschlossen und damit stets auf dem neuesten Stand sind.

JURIS beispielsweise ist aber im Finanzamt nur mit Einschränkung verwendbar, es ginge den Mitarbeitern dort wahrscheinlich ähnlich wie dem Studenten. Sie bekämen eine endlos lange Liste von Vorschriften, Urteilen und Literaturstellen übermittelt, aber keine aussagekräftige Zusammenfassung oder Auswertung. Ergebnis: Finanzämter nützen nach wie vor nur ihre altbackenen Mittel. Man fragt den Kollegen oder einen seriösen Steuerberater, verläßt sich auf deren Erklärungen und benutzt, wenn es hoch kommt, lückenhafte Zusammenfassungen neuer Vorschriften. Und das in Zeiten, in denen viele Finanzbeamte in die neuen Bundesländer abgezogen wurden.

Schauen wir uns die Beispiele der Reihe nach an. Im ersten Beispiel werden Informationen genutzt, die aber nicht weiter helfen, weil sie zu umfangreich sind und die Aufnahmekapazitäten des Anwenders überfordern. Im zweiten Fall sind zwar umfassende Informationen zugänglich, werden aber nicht genutzt, weil sie in den Arbeitsablauf nicht hineinpassen. Was bedeutet das?

Jeder kennt das Phänomen, wenn man ein Gespräch schon von Anfang an mit zu vielen Informationen überlastet, wodurch es dann droht, wie man landläufig sagt, den Bach runterzugehen. Also strukturiert man die Unterhaltung so weit, daß die notwendige Eigendynamik nicht unnötig begrenzt wird. Das setzt voraus, daß man weiß, was man will und worauf es ankommt. Es müssen also Prioritäten gesetzt werden, über die Einvernehmen herrscht.

Man kann es drehen und wenden, wie man will: Informieren kann sich nur, wer informiert ist. Die großen Datenbanken und Informationsquellen verlieren damit aber nicht ihren eigentümlichen Wert. Ganz im Gegenteil: Zum Gelingen fehlt eine entscheidende Zutat. Die Auswahl muß sinnvoller gestaltet und die Präsentation der Daten muß effektiver sein. Der PC ist der „Transmitter" in diesem Prozeß. Er wird dafür sorgen, und wir von Apple werden unseren Teil dazu leisten, daß der Student und das Finanzamt auch in Zukunft an den Segnungen einer rationalen Informationsverarbeitung teilhaben können. Sie bezweifeln es. Gut, dann lassen Sie sich überraschen.

Der PC als Mitte der Kommunikationswelten

Wie das vor sich geht, will ich Ihnen im folgenden kurz erläutern. Wir hatten ja gesehen, daß das Arbeiten mit einem PC ein Problem rational strukturiert. Für den Manager beispielsweise heißt das: Er kann sich sein Arbeitsfeld unter verschiedenen Aspekten mit passenden Modellen vergegenwärtigen und diese miteinander verknüpfen. Davon abgeleitet ergibt sich der Informationsbedarf, gleichgültig ob sich die Struktur aus gebündelten Informationen selbst produziert oder in ihr aktuelle Daten verarbeitet werden. Einfach ausgedrückt: Sie müssen sich Informationen beschaffen. Also verschaffen Sie sich einen Zugang zu den relevanten Quellen, über die das Unternehmen verfügt.

Das kann man mittlerweile über verschiedene Wege einfädeln. Der PC, gekoppelt mit Telefon oder Telefax, wird so zum Sprachrohr der Daten und Informationen. Integration und Vernetzung mit anderen Geräten erspart den übertriebenen Aufwand, die Informationen vor Ort

direkt geben zu müssen. Daraus resultierende überflüssige oder erfolglose Reisen können damit getrost aus dem Manageralltag gestrichen werden. Die technischen Kommunikationsformen von heute sind die neuen Verkehrsmittel. Sie transportieren die neuen Informationspassagiere. Man bedenke nur die unnützen Flug- oder Autoreisen, die damit storniert werden könnten. Ganz abgesehen davon, daß die Umwelt auch entlastet wird, wenn der Verkehr auf Basis von Verbrennungsmotoren abnimmt. Wer vom Treibhauseffekt und Ozonloch spricht, der sollte schleunigst die Vorteile der technischen Kommunikation nutzen. Vor allem hat er die Aussicht, daß sich das Know-how noch wesentlich verbessert. Umsteigen jetzt – lautet die Devise, nicht nur für diejenigen, die unnötige Energieverluste im Unternehmen vermeiden wollen, sondern auch an die Vernetzung ihres Tuns mit der Umwelt denken.

Es würde hier zu weit führen, die Errungenschaften des PCs in dieser Hinsicht detailliert aufschlüsseln zu wollen. Dafür gibt es ja schließlich die Handbücher und Prospekte der Hersteller (wenn Sie mit Macintosh arbeiten, können Sie auf die sogar verzichten). Ich begnüge mich mit einigen Hinweisen:

Will ich einem Ansprechpartner kurz etwas mitteilen und seine erste Reaktion erhalten, greife ich zum Telefon, klarer Fall. Müssen Dokumente ausgetauscht werden, benutze ich derzeit ein Telefax, das den herkömmlichen Briefverkehr über ein eigenes Telekommunikationsnetz schickt. Der eleganteste und rationellste Telefaxvermittler ist der PC. Ausgerüstet mit einer Zusatzkarte, schickt er das Fax auf die Reise. Die Botschaft braucht nicht mehr ausgedruckt oder vielleicht anschließend wieder zurückgefaxt zu werden. Sie nimmt den schnellsten Weg von PC zu PC, wobei es dem Empfänger überlassen bleibt, ob er sie in seinem Arbeitsspeicher läßt, ausdruckt oder löscht. Er kann aber auch direkt antworten oder die Botschaft weiterleiten. Schnell und einfach! Sicher ist dies Balsam für die Wunden derer, die ihr Faxgerät aufgrund mangelnder Lesbarkeit des Dokuments oder des ständigen Belegtzeichens schon manchmal zum Teufel gewünscht haben – die sonstigen kleineren Betriebsstörungen gar nicht zu erwähnen.

Telefon- und Briefbotschaften, Hausmitteilungen und Memos sind das täglich Brot in der Geschäftskommunikation – intern wie auch extern. Sie lassen sich unter dem Begriff „Electronic Mail" zusammenfassen. Ohne Übertreibung ist dies für den PC die einfachste aller Pflichtübungen. Vernetzte PC-Kommunikation macht's möglich, weil man nicht mehr, wie es häufig heute noch verbreitet ist, Disketten austauscht.

Am Anfang dieser Entwicklung gab es Tischgeräte, die an eine zentrale Anlage angeschlossen waren und aus dieser Ablage oder diesem Pool Texte, Dokumente oder Daten so abrufen konnten, daß sie auf dem Bildschirm lesbar waren. Dann kamen Tischgeräte, die unter bestimmten Bedingungen auch Daten in die Zentrale eingeben konnten. Der PC steckt beide in die Tasche. Er dient dem Empfang, der Eingabe, der Verarbeitung, aber – und entscheidend auch – der Kommunikation. Benutzt man dafür Disketten, was heute noch sehr verbreitet ist, muß man diese austauschen. Ein Bote oder man selbst bringt die Diskette zum Empfänger, wo sie weiter bearbeitet oder kommentiert werden kann.

Der Vorteil liegt darin, daß man keinen Ausdruck auf Papier erstellen muß. Man spart sich die langen Prozeduren der Korrektur auf Papier mit anschließender Wiedereingabe in den PC. Sind die PCs noch dazu miteinander vernetzt, spart man auch noch den Diskettenaustausch. Dies stellt nicht nur eine Zeitersparnis dar, sondern auch einen rationelleren Umgang mit seiner Arbeitsproduktivität, kann man doch gleichzeitig mehrere Leute in den Vorgang miteinbeziehen.

Vernetzung bedeutet also Kommunikationsvereinfachung. PC-Kommunikation wird deswegen schon bald so selbstverständlich sein wie Telefonieren. Noch dazu lassen sich mit Hilfe des PCs auch die schwierigsten Probleme auf Grafiken und Bildern vereinfachen. Man bedenke nur das langwierige Studieren endloser Zahlen- und Datenreihen. Alles auf einen Blick zu haben vereinfacht die Analyse sonst schwieriger Sachverhalte. Diese anschaulich zu machen hilft zudem Geschäftspartnern und Kollegen, die Inhalte zu verstehen. Es ist nicht übertrieben zu behaupten, daß PC-Grafiken und -bilder unsere komplexe Wirklichkeit in überschaubare Bahnen lenken. Das freut nicht nur den Manager, die Sekretärin oder Sachbearbeiterin, die ihre Schriftablagen erheblich reduzieren und den lästigen Verwaltungskram dem PC-Know-how anvertrauen, sondern auch Schüler, Studenten und Berufstätige in der Fortbildung, die ihre Lerninhalte nicht mehr in dicken, größtenteils unverständlichen Schwarten nachlesen müssen. Lernen im 21.Jahrhundert wird durch den PC erleichtert werden, sei es im Bereich Fremdsprachen oder in der Mathematik. Längst gibt es für beide Bereiche schon sehr gute Software auf dem Markt.

Aber zurück zur Vernetzung. Trotz der riesigen Verwendungsmöglichkeiten steht der PC zunächst einmal auf eigenen Füßen. Er ist ein geschlossenes, selbständiges System. Der Benutzer kann in das Gerät eingeben, was er will, was ihn interessiert oder womit er arbeiten will. Durch einen externen Anschluß mit anderen zu kommunizieren ist die persönliche Entscheidung des PC-Benutzers. Man kann seinen PC ganz für sich benutzen, man kann mit ihm Informationen hereinholen und mit ihm kommunizieren. Man braucht sich aber zu nichts verpflichtet zu fühlen. Jeder besitzt diese Freiheit in der Anwendung.

Vernetzung als Chance

Dieses Stück Freiheit ist eine wesentliche Errungenschaft des PCs. Demgegenüber hatte die Einführung der großen, zentralen Anlagen auch einen negativen Beigeschmack. Die Zentrale konnte einen besser überwachen, und der Mitarbeiter war oft genug vom Ergebnis seiner Arbeit isoliert. Nachdem beispielsweise ein Mitarbeiter in meinem zuständigen Finanzamt meine Einkommensteuererklärung edv-gerecht bearbeitet hat, gibt er sie weiter an Datentypistinnen, die die einzelnen Daten in den Zentralrechner eingeben. Dort werden die entsprechenden Rechenoperationen ausgeführt und der Steuerbescheid ausgedruckt. Es ist fast müßig, darauf hinzuweisen, daß sich der Sachbearbeiter vom Ergebnis seiner Arbeit kein Bild machen kann. Sie werden mir sicher recht geben, daß Steuerbeamte über das Ergebnis ihrer Arbeit informiert werden müßten. Schon alleine deswegen, weil hier über unser schwer verdientes Geld befunden wird. Da will man sich auch in guten Händen fühlen.

Dies ist nur ein Beispiel von vielen. Es verwundert in diesem Zusammenhang nicht, daß der Computer ins Gerede kam. Schließlich rationalisierte er alle Arbeitsvorgänge in der Weise, daß sie besser kontrollierbar wurden. Zudem sank oftmals einhergehend damit das Anforderungsprofil der Arbeitsplätze, die Menschen fühlten sich in ihrem Wert herabgesetzt. Das Wort der Entfremdung machte nicht nur in gewerkschaftlichen Kreisen die Runde, von den gesundheitlichen Schwierigkeiten der Bildschirmarbeit gar nicht zu sprechen. Der PC brachte auch hier eine Wende im Selbstverständnis. Politisch gesprochen war es der Weg von der zentral geleiteten Informationswirtschaft zum föderativen, dezentralisierten Informationswesen. Mit dem PC wurde die Selbständigkeit der Mitarbeiter zusätzlich gestärkt. Davon aber mehr im folgenden Kapitel. Davor lassen sie mich noch etwas erzählen aus der spannenden Welt der PC-Vernetzungen.

Wie gesagt, man kann mit dem PC auch alleine und im Zweifelsfall sehr abgeschottet leben. Viele Texte und Buchmanuskripte entstehen heute auf diese Weise. Langsam und stetig gelangt man mit Hilfe der modernen Textverarbeitung ans Ziel. Korrekturen sind noch bis zuletzt möglich. Der PC als moderne Schreibmaschine, allerdings mit weitaus intelligenteren Arbeitstechniken, ist heute bei Textjongleuren in allen Sparten ein unverzichtbares Medium geworden.

Andererseits kann man sich mit dem PC externe, also nicht selbst gespeicherte Informationen auf den Bildschirm holen und mit ihnen arbeiten. Dazu benötigt man nur einen Anschluß und noch nicht einmal eine weitergehende Vernetzung. Um nicht von der Informationsfülle der angebotenen Datenbanken überwältigt zu werden, kann man sich schützen, ohne sich ganz abzuschotten. Der PC-Nutzer holt sich nur die Informationen, die über den Anschluß erreichbar sind.

Wenn man sich allerdings entschließt, mittels PC zu kommunizieren, ist eine Abschottung sinnlos. Denn damit öffne ich ja gerade die Schleusen zur umfassenden Kommunikation. In der nächsten Zukunft wird diese Entwicklung in Kombination mit dem Telefon ihren Lauf nehmen. Ebenfalls bereits verwirklicht ist die Vernetzung innerhalb eines Betriebs oder einer Organisation. Das erleichtert zwar vielerorten die Kommunikation im Haus, die Freiräume des Benutzers sind aber technisch begrenzt. Warum?

Nun, positiv betrachtet werden die Chancen einer Dezentralisierung im Betrieb dadurch größer. Die Mitarbeiter organisieren und strukturieren ihren Arbeitsplatz selbst mit. Ein Blick in die deutsche Wirtschaft zeigt, daß viele Unternehmen noch heute streng hierarchisch auf einige wenige Führungszentren ausgerichtet sind. Mancherorten regieren noch die Industriekapitäne alten Zuschnitts. Moderne Managementberater wie Gerd Geerken oder John Hormann bezeichnen diese Organisationsform in der heutigen Zeit als schwerfällig, unflexibel und unproduktiv. Motivierte Mitarbeiter findet man heute in erster Linie in autonomen Teams und Arbeitsgruppen, die nicht ständig unter der Fuchtel der obersten Geschäftsleitung stehen. Demokratie und Mitbestimmung sind die Eckpfeiler heutigen Managements. Denn wer in seinem privaten Alltag, in der Familie und in der Gesellschaft nach Selbstverwirklichung und Entscheidungsautonomie strebt, der braucht in seinem Beruf nicht einen Chef, der ihm ständig vorhält, was zu tun sei.

Selbstverwirklichung und eigenverantwortliches Tun sind aber hauptsächlich nur dort realisiert, wo man eine innerbetriebliche Vernetzung vorfindet. Ohne Vernetzung ist der organisatorische Aufwand dermaßen aufgebläht, daß er den reibungslosen Arbeitsablauf schon wieder behindert. Die vielfältigen Berichts-, Aktennotiz- und anderen Ablagesysteme blockieren tagtäglich Tausende von produktiven Mitarbeitern, die mit Berichten und Protokollen ihre wertvolle Zeit verplempern. Innerbetriebliche Netzwerke verbessern das individuelle Zeitmanagement erheblich. Der frustrierende und unproduktive Zeitverlust für den Informationsaustausch und -abgleich mit dem Chef via Notizzettel entfällt. (Noch dazu, wenn der Chef nie zu sprechen ist, und Vorgänge auf die lange Wartebank geschoben werden müssen.)

Zeit ist Geld. Warten verursacht Frust, gleichgültig ob die Bahn Verspätung hat, man auf der Autobahn im Stau steckt, die Flugpläne wieder einmal durcheinandergeraten sind, im Büro etwas liegenbleibt oder man mit irgendeiner Berechnung nicht weiterkommt, nur weil bestimmte Daten fehlen. Es soll sogar Chefs geben, die nervös werden, wenn eine Information nicht in Sekundenschnelle verfügbar ist. Was lernen wir daraus: Je stärker der Wunsch nach Informationen, desto größer die Frustration des sinnlosen Wartens.

In-House-Netzwerke sind die Hochgeschwindigkeitszüge zwischen den Arbeitsplätzen eines Unternehmens. Eingefahrene Strukturen und Hierarchiestufen kommen ins Wanken, die Ressorts und Abteilungen werden durchlässiger, die Arbeit kommt in Fluß, ohne dabei außer Kontrolle zu geraten. Der Mitarbeiter steht als Akteur mittendrin und ist nicht mehr nur passiv ausführendes Organ. Der schweizer Künstler Jean Tinguely nannte daher als Motto der heutigen Zeit: „Alles ist in Bewegung. Es gibt keinen Stillstand mehr." Aber Achtung, zuviel des Guten kann auch schaden. Vernetzung bedeutet auch Einbindung, aber nur soweit, wie es der Kommunikation förderlich ist. Das „Allzeit-bereit-Syndrom" hat schon viele Menschen kaputt-, aber nur wenige Firmen großgemacht.

Vielen von Ihnen werden Kommunikationsmodelle mit einfacher Vernetzung längst vertraut sein. Einigen wiederum nicht, also kurz ein Beispiel: Ein Außendienstmitarbeiter gibt am Ende seiner Tagesbesuche seinen Bericht in seinen Laptop ein. Der Bericht wird via Telefon in die Gebietszentrale überspielt. Am nächsten Morgen kann der Gebietsleiter alle Einzelheiten bereits durchsehen und bei eventuellen Schwierigkeiten sofort selbst aktiv werden, sei es, weil ein Abschluß offenblieb, weil der Vertreter nicht befugt war, zu bestimmten Konditionen abzuschließen, sei es aber auch nur, weil der Kunde einen Sonderwunsch hat. Bis heute gibt es noch Branchen, deren Vertreter neben den Aufträgen auch immense Papierberge produzieren. So soll im Buchhandel immer noch mit riesigen Auftragsformularen bei drei bis vier Durchschlägen für die jeweiligen Ablagen geordert werden. Oder denken Sie nur an die Journalbuchhaltung, die man bisweilen im mittelständischen Gewerbe noch antrifft. Was wird hier kostbare Arbeitszeit vergeudet!

Fazit: Der schriftliche und fernmündliche Rapport gehört der Vergangenheit an. Die mühsame und zeitraubende Auswertung der früheren Berichte verkürzt sich drastisch. Alle Informationen liegen dem Vertrieb sofort vor. Rückfragen der Kunden können rasch erledigt werden. Dieser Zeitgewinn ist ein Gewinn für jedes Unternehmen.

Auf der anderen Seite dürfen wir nicht vergessen, daß sich damit die Kontrollmöglichkeiten verdichten. So konnten Vertreter früher ausgleichen, wenn sie an einem Tag mehr taten als am anderen. Auf den Durchschnitt kam es an, auch im Vergleich mit den Kollegen. Wer überdurchschnittlich arbeitete, wurde honoriert. Eingriffsmöglichkeiten für den Vertriebsleiter waren kaum gegeben. Heute kann man das. Aus den Berichten kann man PC-unterstützt den Tagesdurchschnitt, einen Vergleich der Abschlüsse bei Firmen einer bestimmten Größenordnung und vieles andere mehr ermitteln. Der Vertriebsleiter kann daraus abgeleitet gute Ratschläge erteilen oder Druck ausüben.

Mit den neuen Kommunikationsmöglichkeiten verbinden sich also auch Gefahren. Es wäre albern, wenn ich mich hier als Fortschrittsapostel hinstellen würde und die Nachteile verschweigen würde. Eine total vernetzte Gesellschaft wäre eine „informatisierte" Gesellschaft, in der man den einzelnen an die Kandare nimmt und dieser sich nicht wehren kann.

Darum nochmals als Ratschlag: Mit dem PC kann man arbeiten, sich informieren und mit anderen kommunizieren, solange man die Freiheit behält, ein- und auszuschalten, wann man will, aus dem Informationsangebot auszuwählen, was man für wichtig hält, und die Kommunikation nach den eigenen Bedürfnissen organisiert. Der Rest ist eine Frage des Betriebsklimas und der Mitarbeiterführung. Die Probleme habe ich versucht anzusprechen. Mit dem PC lassen sie sich manchmal noch vergrößern. Das spricht nicht gegen den PC. Er ist uns als Instrument in die Hände gelegt. Wer ihn mißbraucht, darf damit nicht umgehen. Den PC für seine vielfältigen Möglichkeiten verantwortlich zu machen träfe nicht den Kern der Sache.

Kapitel 7
Der PC bei der Arbeit

Der Computer ist aus unserem Leben nicht mehr wegzudenken. Begonnen hat er seine Karriere als einfacher Rechner, der bereits kurze Zeit später mit Hilfe variabler Programme standardisierte Vorgänge bearbeiten konnte. Als damals Prokuristen und Buchhalter die ersten Programme zur Bearbeitung ihrer umständlichen Handmade-Buchhaltung in die Hand gedrückt bekamen, erinnere ich mich, wie manche von ihnen feuchte Augen bekamen - ohne Übertreibung. Es war für die damaligen Verhältnisse nahezu unvorstellbar, daß diese jungen, dynamischen und oft auch unangepaßten Informatiker ihnen, den Gralshütern der Buchhaltung, das Instrument gaben, ihre Arbeit zu strukturieren und zu vereinfachen.

Etwa zur gleichen Zeit wurde die Schreibmaschine elektrifiziert, mit Korrektur- und später mit Speichermöglichkeiten ausgestattet. Auch mit diesem Gerät klopfte ein verbesserter Textverarbeiter an die Vorzimmertüren überlasteter Sekretärinnen. Aber erst der PC, der die konsequente technologische Fortführung von Computer und Textverarbeitung war, entwickelte sich zum „multifunktionalen Werkzeug", auf dessen Tastatur man viele Melodien spielen kann – vom grafischen Zeichnen bis zum Schachspiel auf Weltmeisterniveau.

Was der PC wirklich kann

Multifunktional ist ein Begriff aus der Technokratensprache. Er klingt etwas vollmundig, aber auch wenig aussagekräftig. Deshalb ist es an der Zeit, im folgenden darzustellen, was man mit dem PC und was damit der PC kann. So wird man auch besser verstehen können, was mit der „sanften Revolution" gemeint ist, von der in diesem Zusammenhang immer die Rede ist.

1. Der PC ist ein völlig neuartiges Schreibgerät

Mit der spezifischen Software verfügt man über neue technische, formale und inhaltliche Kenntnisse, die weit über die Fähigkeiten herkömmlicher Schreibsysteme hinaus reichen. Denken Sie nur an die Möglichkeiten der äußeren Textgestaltung. Ob Blocksatz, Flattersatz, Spalteneinteilung, Zeilen- und Seitenumbruch oder Wechsel der Schriftarten, mit dem PC erreicht man eine den Bedürfnissen des Anwenders angepaßte Qualität des Textes. Hervorzuheben sind in diesem Zusammenhang die vielen Magazine und Zeitschriften, die ihr komplettes Layout mittlerweile mit Macintosh-Programmen erstellen. Die zeitraubende Satzerfassung außer Haus mit mehreren Korrekturschritten kann jetzt problemlos in der Redaktion selbst abgewickelt werden. Das spart Zeit und verringert potentielle Fehlerquellen.

In formaler Hinsicht kann man mit dem PC zum Beispiel automatisch trennen oder Schreibfehler korrigieren. Moderne Programme, wie etwa „witchPen" des schweizer Informatikers Hannes Keller, das die meisten Tippfehler bereits während des Schreibvorgangs automatisch korrigiert, erübrigen somit das lästige und zeitraubende

Nachschlagen im Duden oder sonstigen Wörterbüchern. Auf die Frage nach der Computerzukunft, sagte Keller unlängst in einem Interview mit dem Psychologen Jürgen vom Scheidt: „Ich kann mir sehr gut vorstellen, daß der Computer in Zukunft ein gewisses Allgemeinwissen hat, das ihn zum Beispiel befähigt, komplexe Berichte auf das Wesentliche zu verkürzen. Denn der Manager hat doch das Problem, daß er die vielen Berichte gar nicht mehr richtig lesen kann, die ihm auf den Tisch flattern."

Auch inhaltlich erschließt der PC neue Bereiche. Wer schon einmal ein Inhaltsverzeichnis automatisch erstellt hat, weiß, wovon ich spreche. Worte suchen und austauschen, ein persönliches Wortlexikon anlegen sowie ein integriertes Synonymlexikon benutzen, gehören zu den PC-Selbstverständlichkeiten, auf die kein Benutzer mehr verzichten möchte. Verschwunden sind damit Frust und übermäßiger Zeitaufwand, eingekehrt ist statt dessen eine rationelle Arbeits- und Zeiteinteilung. Ob Sie nun kurze Briefe oder lange Buchmanuskripte bearbeiten, dem PC ist der Schwierigkeitsgrad der Textbearbeitung egal. Außerdem wurde die Schreibarbeit entflochten, so daß heute nicht mehr nur gestreßte Sekretärinnen über den Texten brüten, sondern sinnvollerweise jeder, der mit dem PC an dem Text arbeitet. So brauchen kleinere Texte nicht mehr in den Tagesablauf der Vorzimmerdamen eingepaßt zu werden, sondern können bequem und leicht vom Chef erstellt und sofort über die entsprechenden PC-Leitungen verschickt werden.

Ein kleiner Trost für alle Briefeschreiber: Die Druckerqualität verbessert sich im gleichen Tempo wie die PC-Software, weg also von den derzeit noch ratternden Geräuschen der Nadeldrucker hin zum leisen Summen der Laserprinter. Dabei ist auch hier noch kein Ende der

Entwicklung in Sicht. Eifrig arbeiten die Spezialisten an noch einfacher zu handhabenden Programmen und Geräten.

2. Der PC ist ein eleganter Rechner

Wie war man noch vor Jahren froh, mit Hilfe von elektronischen Tisch- oder Taschenrechnern komplizierte Rechenvorgänge zu meistern. Ohne größeres Aufsehen hat dies längst der PC übernommen. Eine geniale Erfindung machte ihn zum Rechenkünstler. Ihr Name: „Visicalc". Ende der 70er Jahre wurde sie von dem amerikanischen Star-Programmierer Dan Fylstra auf einem Apple II zum Laufen gebracht. Dieser wiederum wurde damit zum Verkaufsschlager der kommerziell vermarkteten PCs und zum Vorzeige-PC einer ganzen Generation.

Die Programmiergattung „Spreadsheet" war geboren. Sie hat bis heute eine fulminante Entwicklung hinter sich. Ein Spreadsheet kann nicht nur wie ein Taschenrechner einzelne Werte bearbeiten, sondern beliebig große Tabellen, seien es Preislisten oder vollständige Konzernbilanzen. Spreadsheet ist ein beliebtes Planungsinstrument geworden. Wenn zum Beispiel ein Unternehmen hierzulande, das sehr viel in die USA exportiert, plötzliche Dollarschwankungen in seine Geschäftsabläufe einplanen muß, waren früher viele Mitarbeiter damit beschäftigt, auszurechnen, wann der Export preislich unrentabel wird. Spreadsheet besorgt dies in Sekundenschnelle. Man ändert nur die Parameter, und schon hat man die Ergebnisse vor Augen.

3. Der PC ist Datenspeicher und internes Publikationsorgan

Sicher ist die Datenspeicherung und interne Publikation eine der herausragenden Fähigkeiten des PCs in Wirtschaft, Verwaltung und Privathaushalt. Auch hier gilt wieder die Devise: Kurze Wege ersparen Zeit und Geld. Nehmen wir einmal an, Sie haben Ihre abonnierte Tageszeitung mehrmals hintereinander nicht erhalten. Ein kurzer Anruf bei der Abonnentenverwaltung unter Angabe der Kundennummer löst den Vorfall, weil der/die SachbearbeiterIn nach Eingabe Ihrer Nummer alle notwendigen Informationen auf dem Bildschirm verfügbar hat. So lassen sich Reklamationen und Beschwerden oftmals mit einem Blick in die gespeicherten Daten auflösen.

Noch ein Beispiel aus der Wirtschaft: Ein Kunde ruft in der Vertriebszentrale einer großen Warenauslieferung an, um einige Dinge zu bestellen. Schon während der Begrüßung erscheinen die wichtigsten Angaben des Bestellers auf dem Bildschirm des Sachbearbeiters. Sind die PCs des Lagers, der Buchhaltung und der Geschäftszentrale dann noch miteinander vernetzt, kann man bei der Bestellung bereits den ganzen Wust von Lieferscheinen, Fakturierung und Rechnungen erledigen, ohne Durchschläge und Kopien mühsam auf verschiedene Ordner und Ablagen oder über den hauseigenen Postversand an die Zentrale schicken zu müssen.

Ich könnte jetzt eine endlose Liste von Beispielen erstellen, wo der PC mehr leistet, damit wir weniger arbeiten, will es aber im Moment bei diesen wenigen Beispielen belassen.

4. Der PC als Kommunikationsbrücke

Praktisch steht dabei im Vordergrund, daß Texte und Daten beliebig auszutauschen sind, wenn man PCs miteinander vernetzt. Ziel wird es in nächster Zukunft sein, mit dem PC sprechen zu können. Damit wird eine weitere Hemmschwelle gegenüber dem PC fallen, weil es noch einfacher wird, mit ihm zu kommunizieren.

Die Kommunikation von PC zu PC habe ich bereits erläutert. Die Kommunikationspfade werden dadurch erheblich geradliniger und sind nicht mehr so umständlich wie bei der Post, bei der man beim schnellsten Transportmittel, dem Eilbrief, mit tagelangen Verzögerungen rechnen muß.

5. Der PC als Daten-Laufsteg

Die Präsentation von Grafiken und Zahlen ist in der Wirtschaft heute unverzichtbar. Außendiensttagungen, Mitarbeiterschulungen, grundsätzlich jede berufliche Fort- und Weiterbildung benötigen anschaulich aufbereitete Informationshäppchen, die leicht verdaut werden können. In der Multimediawelt koordiniert der PC Texte, Bilder, Sprache,Töne und Filme, um verschiedene Wirklichkeiten zu einer Gesamtheit zusammenzufassen, wie es etwa derzeit im Bereich der Werbung geschieht. Auf diese Weise kann der Verkäufer besser für sein Produkt werben als mit Hilfe von Prospekten und seiner persönlichen Überzeugungskraft.

6. Der PC hilft Managern

Jeder Manager jongliert und hantiert mit Daten und Informationen. Sie sind sein Berufsglück oder sein Untergang.

Um sich auf den verschlungenen Infopfaden zurechtzufinden, müssen die Daten sinnvoll zusammengefaßt, übersichtlich dargestellt, immer auf dem neuesten Stand und schnell greifbar sein. Das und vieles mehr leistet der PC. Warum dies so ist und welche Chancen und Risiken sich dadurch ergeben, können Sie eingehender in Kapitel 8 nachlesen.

Wir haben in diesem Kapitel über den PC folgendes erfahren: In seiner Nutzungsvielfalt ist er in Betrieben und Behörden konkurrenzlos. Er flexibilisiert die Arbeitsplätze und -zeiten. Seiner Entwicklung sind im Bereich der Anwendungsmöglichkeiten keine Grenzen gesetzt. Damit verändert er den organisierten und strukturierten Teil dieser Welt grundlegend.

Dies mag für die ganze Welt nicht von überragender Bedeutung sein, für die Welt der Unternehmen und Verwaltungen ist es das aber. Daß es dagegen Widerstand gibt, liegt in der Natur der Sache. So werden die gesundheitlichen Schäden einer regelmäßigen Bildschirmarbeit moniert, neue Krankheiten im Zusammenhang mit der Bildschirmtätigkeit entdeckt. Dies sind ernstzunehmende Folgen, die wir in den Griff bekommen müssen. Strahlungsfreie Bildschirme und ergonomisch verbesserte Sitzpositionen bei der Arbeit sind wesentliche und berechtigte Forderungen der Arbeitnehmer an die Industrie. Hier darf nicht so lange gewartet werden, bis das Kind in den Brunnen gefallen ist. Satzerfassungspersonal in Verlagen und Zeitschriften brauchen gesunde Arbeitsbedingungen, keine Frage. Wir von Apple werden auch in diesen Bereichen nicht schlafen und weitere Innovationen entwickeln.

Im folgenden will ich Ihnen zumindest einige Tips geben, wie ein Bildschirm-Arbeitsplatz optimal gestaltet werden kann:

- Berücksichtigen Sie einen Sehabstand zum Bildschirm (Monitor) von 50-65 Zentimetern bei 12-Zoll-Monitoren und 60-75 Zentimetern bei 14-Zoll-Monitoren.
- Lassen Sie Ihre Bildschirmgeräte jährlich warten und überprüfen (bei täglichem Dauerbetrieb verschleißt die Bildröhre, die Zeichenqualität vermindert sich durch verbrauchte Phosphoreffizienz, und Staubablagerungen müssen entfernt werden).
- Bei Farbmonitoren sind Farbzusammensetzung und -vorgabe regelmäßig zu überprüfen und neu zu bestimmen. Empfehlenswert ist ein sparsamer Gebrauch der Farben, also maximal vier Farben gleichzeitig.
- Kaufen Sie strahlenreduzierte Monitore nach schwedischem MPR-Standard, der 1988 festgelegt wurde.
- Beachten Sie ein Beleuchtungsniveau von 300-500 Lux im Arbeitsbereich.
- Stündliches Öffnen der Fenster, antistatische Teppichböden, Grünpflanzen und eventuell Raumluftbefeuchter verhindern elektrostatische Aufladungen.

Schattenseite der Erfolgsstory: Der PC in der öffentlichen Verwaltung

Besonders schwierig gestaltete sich für den PC der Einstieg in die öffentliche Verwaltung. Dort lag die angestammte Domäne der Großrechner, die sich für die Größe der Verwaltungen und der zu bearbeitenden Vorgänge als besonders günstig erwiesen hatten. So entstanden EDV-Zentren in Form von kommunalen Daten- und Gebietsrechenzentren. Als erste sprangen die Einwohnermeldeämter und die Kfz-Zulassungsstellen auf diesen Zug auf. Später wurden die Haushaltsführung und die mittelfristigen Finanzplanungen über EDV abgewickelt. Dabei standen immer zentrale Lösungen und Systeme im Vordergrund.

Dem PC stand also, wollte er hier je Erfolg haben, eine harte Bewährungsprobe bevor. Doch er fand seinen Weg. Zuerst schlich er sich in die Kataster- und Vermessungsämter ein, wo er als geschickter Landkartenzeichner einen Job fand. In den Planungsämtern entwickelte er Bebauungs- und in den Hoch- und Tiefbauämtern entsprechende Durchführungspläne. Trotz seiner unmittelbaren Arbeitsvorteile schaffte er aber bis heute nicht den ganz großen Durchbruch. Woran liegt das? Können wir daraus vielleicht Defizite erkennen, die wir PC-Hersteller zugeben müssen? Bekommt die PC-Euphorie dadurch einen merklichen Dämpfer?

Die Überlegungen über die Einführung der elektronischen Datenverarbeitung gingen in den Ministerien und Oberbehörden von den dortigen Organisationsreferaten und in größeren Städten und Landkreisen von den Haupt- und Landratsämtern aus. Da keine Behörde gerne Kompetenzen abgibt, wurde der zentral geleiteten Informationswirtschaft der Vorzug vor den kleinen, nischenorientierten „Insellösungen“ gegeben. Erst als die Anbieter dieser großen Systeme anfingen, den PC als Endgerät mehr in ihr Kalkül miteinzubeziehen, konnte der PC in der Wertschätzung einige Plätze gut machen. Abgesehen davon, daß diese Anbieter lange keine für die öffentliche Hand geeignete Software liefern konnten – viele Programme sind bei den Anwendern selbst entstanden –, gibt es in öffentlichen Behörden ein grundsätzliches Problem, das für einen PC-Manager höchst reizvoll ist: den Zwang zur Schriftlichkeit, also zur lückenlosen Dokumentation aller Aktenvorgänge.

Jeder, der schon einmal ein Haus gebaut hat, weiß um die zeit- und nervenraubenden Verzögerungen durch die zuständige Baubehörde. Nun, das betrifft ja noch unseren eigenen Geldbeutel, interessanter wird es, wenn öffentliche Gelder verschleudert werden. Suchen wir uns ein Beispiel heraus, das in der Form in jeder größeren deutschen Stadt passieren könnte.

Nach dem Bau einer Stadthalle stellt der Stadtrat fest, daß sich die ursprünglich geplanten Kosten verdoppelt haben. Eine Prüfung des gesamten Bauablaufs wird gefordert und durchgeführt. Das Rechnungsprüfungsamt schreitet ein. Zunächst fordert es alle verfügbaren Akten und eine schriftliche Erklärung an, daß diese Akten a) vollständig und b) in der Reihenfolge des Eingangs der Schriftstücke geführt sind. Handschriftliche Notizen der Sachbearbeiter dürfen nur in Kopie vorliegen, aber nur dann, wenn es arbeitstechnisch unvermeidbar war. Selbst ein Aktensplitting zwischen mehreren Ämtern ist nicht erlaubt, was sich in der Realität aber kaum vermeiden läßt.

Die Prüfer quälen sich jetzt durch die Aktenberge und versuchen, alle Vorgänge zu rekonstruieren. Wann und wer die Kostensteigerung zu verantworten hat, ob alles mit rechten Dingen zugegangen ist und so weiter. Wenn allerdings, was gar nicht so selten vorkommt, bestimmte Akten fehlen, fällt die Prüfung wie ein Kartenhäuschen in sich zusammen.

Man könnte natürlich jetzt hergehen und mit der üblichen Bürokratenschelte beginnen. Keine effektive Arbeit, Dienst nach Vorschrift und vieles andere, was in diesem Zusammenhang gerne aufs Tablett gebracht wird. Wir wollen der öffentlichen Verwaltung aber zunächst einmal eine Chance geben.

Eine Mischung aus gespeicherten Daten und schriftlichen Unterlagen stellt für die Verwaltung zunächst ein Problem dar. Ein Vorgang muß in seinen wesentlichen Teilen schriftlich dokumentiert sein, um später auf ihn zurückgreifen zu können. Dies ermöglicht eine penible Kontrolle und Aufsicht der zuständigen Stellen. Also ziehen die Beamten alle Register ihres Könnens. Die Schriftstücke werden mit Aktenzeichen vermerkt, aufwendige Briefeingangs- und -ausgangsbücher werden geführt, die Dokumente werden gar mit verschieden farbigen Stiften einzeln abgezeichnet und ausführliche Registraturen geführt. Das diene der Aufsicht und Kontrolle, hört man von Beamten, die geflissentlich ihrem Tagwerk nachgehen.

So einfach auf den PC umzusteigen ist vor diesem Hintergrund kaum möglich. Entwirft beispielsweise ein Sachbearbeiter einen Brief, der die Behörde erst verlassen darf, wenn der Vorgesetzte den Entwurf gesehen hat, muß aus den Akten hervorgehen, wie der ursprüngliche Brief, die Änderungen und die Reinschrift beschaffen waren. Das alles ist umständlich und kostet Zeit, sichert aber Arbeitsplätze. Hätte man nun PCs sowohl am Arbeitsplatz des Sachbearbeiters als auch an dem des Vorgesetzten und wären sie – fast schon eine Science-Fiction-Betrachtung – miteinander vernetzt, dann würde via PC der Entwurf weitergeschickt, Veränderungen vorgenommen und das fertige Schreiben schließlich zur Post gebracht. Ein Aufschrei der Entrüstung wäre die Folge: schließlich wäre der ursprüngliche Wortlaut damit verloren, der Sachbearbeiter hätte keinen Einblick in die Endfassung mehr und könnte sich über die Notwendigkeit oder Berechtigung der Änderungen keine Klarheit mehr verschaffen. Das deutsche Verwaltungswesen würde Kopf stehen, wenn solche „anarchischen" Momente Einzug hielten.

Doch Spaß beiseite. Nehmen wir die Sache ernst. Jeder PC-Hersteller wird sich dafür verbürgen, daß technisch alle Sicherungen eingebaut sind, die in diesem Zusammenhang erforderlich sind. So ist es kein Problem, jede Textfassung von vornherein zu duplizieren, die eine Fassung zu sichern und die andere zur weiteren Bearbeitung freizugeben. Da jeder Text automatisch im Verzeichnis mit dem Datum der letzten Bearbeitung versehen wird, genügt ein Blick, um das eine vom anderen unterscheiden zu können. Falls dies aber immer noch zu unsicher erscheint, kann man jede Fassung ausdrucken und sie in der beliebten Aktenablage abheften.

Ich will hier nicht schulmeisterlich maßregeln, aber welche immensen Papier- und Aktenberge damit abgebaut werden könnten, geht schon gar nicht mehr auf die sprichwörtliche Kuhhaut. Das gilt um so mehr, je mehr Vorgesetzte sich des PCs bedienen und sich nicht zu schade sind, am Text zu arbeiten oder ihn selbst einzugeben. Da fiele niemandem ein Zacken aus der Krone.

Die vorgeschobenen Gründe, daß PCs wegen des Gebots der Schriftlichkeit in der öffentlichen Verwaltung an ihre Grenzen stoßen, sind somit aus dem Weg geräumt. Wer allerdings glaubt, schon am Ziel zu sein, der irrt. Dahinter verbirgt sich eine Problematik, die schon deshalb reizvoll zu diskutieren ist, weil man sie in jeder größeren Organisation antrifft.

Mängel in der Kooperation

Die besten Beamtenwitze enden immer mit der Pointe, daß der zuständige Mitarbeiter alles hübsch der Reihe nach, behäbig und der Zuständigkeit gemäß bearbeitet hat. Die innere Ordnung des öffentlichen Dienstes besteht aus einer genauen Aufgaben- und Kompetenzenverteilung sowie dem unbedingten Einhalten bestimmter Verfahren. Die Zeitverluste nimmt man in Kauf, solange alles seine Ordnung hat. Sie allein und nicht die höchstmögliche Effizienz gewährleistet, daß die anfallende Arbeit erledigt wird. Dabei kommt jeder zum Zug, ob er nun langsam arbeitet, entscheidungsschwach ist oder gar die Arbeit boykottieren will.

Mit dieser Struktur haben aber auch privatwirtschaftliche Betriebe zu kämpfen. Dort kennt man die daraus resultierenden Mängel in der Kooperation, die „kleinen Dienstwege" und Tricks, die man anwendet, wenn man etwas durchsetzen will. Die Bürokraten leben von der strikten Zuständigkeitsverteilung, einer starren Hierarchie und einer straffen Bindung an die Vorschriften. Der Zwang zur Schriftlichkeit erhebt sogar den unwichtigsten Sachbearbeiter kurzzeitig in den Chefsessel. Schließlich entscheidet er, wann und wie er etwas bearbeitet, ob er zustimmt, eine Rückfrage stellt oder die Abwicklung sonstwie verzögert. Diese Strategie findet bei einer eher mündlich orientierten Kommunikation ihre Grenzen. Nun muß man, will man mauern oder sabotieren, andere Geschütze auffahren: Eines der beliebtesten ist – wer kennt sie nicht – die Ausrede, man sei unzureichend oder überhaupt nicht informiert.

Dies bringt uns zum eigentlichen Thema: Wie werden in großen Organisationen Informationen aufgenommen, bearbeitet und weitergegeben? Zuerst werden die Infos ja aufgedröselt und in kleinen Portionen verteilt, bearbeitet und, wenn alles geklappt hat, wieder zusammengefügt. In Besprechungen versucht man hingegen, einen Überblick über die Einzelteile zu gewinnen. Man gleicht immer wieder das Chaos aus, das die Organisation vorher angerichtet hat.

Die Gefahr, die Einzelinformationen isoliert voneinander zu betrachten, führt zu einer fragmentierten Problemsicht, der wir ja gerade die meisten unserer heutigen akuten Probleme zu verdanken haben – nicht nur im Büroalltag, sondern auch in der Umweltzerstörung. Der bekannte englische Biologe Rupert Sheldrake sieht gerade in einer fragmentierten Weltsicht die Hauptursache hierfür. Ozonloch, Waldsterben, Luft- und Wasserverschmutzung und vieles mehr – alles isolierte Probleme, die nicht ganzheitlich miteinander in Verbindung gebracht werden. Man bekämpft nur die Symptome, ohne die Ursachen anzugehen. Diese Therapie hilft einem Kranken auf Dauer nicht. Und eines ist ebenso klar: Isolation behindert Kooperation, sei es nun im Management, in der Mitarbeiterführung oder bei der Rettung der Wale.

Ganzheitliches Denken hat in Industrie und Wirtschaft in den letzten Jahrzehnten einen riesigen Aufschwung erfahren. Schon füllen die Bücher der Vordenker ganze Regalwände. Hans-Peter Dürr, Fritjof Capra, Frederic Vester und Marilyn Ferguson stehen dabei nur stellvertretend für viele andere. Sie alle fordern die interdisziplinäre Vernetzung der Problemlösungen und ein neues, ganzheitliches Denken in Wissenschaft und Wirtschaft. Die Fragmentierung und Isolation unserer Wissensbausteine lösen unsere globalen Probleme nicht mehr. Für die Strategie der Informationsvernetzung benötigt man aber den Zugriff auf sehr viele Informationen. Der PC ermöglicht ihn und erlaubt zudem eine Kommunikation, die unabhängig von der gleichzeitigen Anwesenheit ihrer Akteure stattfinden kann. Der PC überwindet die räumliche und zeitliche Distanz sowie das fragmentierte Denken, die dem bürokratischen, schriftlichen Prinzip noch anhängen. Ohne immer wieder dasselbe sagen zu wollen, der PC vermindert es zumindest auf drastische Weise.

Ziel meiner Kritik sind nicht die vielen Beamten hierzulande, die im großen und ganzen sehr gute Arbeit leisten, sondern das bürokratische Prinzip, das für unsere Welt nicht mehr zeitgemäß ist. Der Bürger ist ja auch Kunde seiner kommunalen Verwaltung. Er ist die Zielgruppe für bestimmte Produkte und Dienstleistungen. Das bedeutet, daß Kommunen und Länder markt- und kundenorientiert denken lernen müssen. Schon wird das „gläserne Rathaus" gefordert, in dem vernetztes Denken zum Grundprinzip der Arbeit erkoren wird. Der vernetzte PC am Arbeitsplatz in der öffentlichen Verwaltung beschafft in Sekundenschnelle jede Information. Mit ihm lassen sich Gesetzestexte einsehen, ohne erst mühsam in der Verwaltungsbibliothek zu suchen, man kann auf Informationen anderer Abteilungen und Kollegen zurückgreifen und vieles mehr.

Ein Besuch der Bürgerämter in Unna oder Bielefeld beispielsweise zeigt, daß es so viel besser geht. Dort kann sich der Besucher an einem PC-Arbeitsplatz polizeilich anmelden, einen Paß beantragen, seinen Führerschein erneuern lassen, die Hundesteuer zahlen und wenn er will, sogar sein Aufgebot bestellen. Dies nicht etwa deswegen, weil der Mitarbeiter der Verwaltung auch für alle diese Bereiche zuständig wäre, sondern weil er via PC Zugriff zu den entsprechenden Unterlagen hat. Bei Problemen kann er rasch in der sonst zuständigen Abteilung nachfragen.

Wer von uns ist nicht schon einmal im Rathaus umhergeirrt, auf der Suche nach dem richtigen Ansprechpartner, von einem Zimmer zum anderen eilend, zu guter Letzt leicht entnervt die Bitte nach Aushändigung eines Formulars äußernd. Abhilfe tut dringend not. Der PC hilft, wo er kann. Allerdings muß sich die Verwaltung erheblich umstellen: So wird es vorkommen, daß der Mitarbeiter des

Paßamtes in den Akten des Straßenverkehrsamtes Daten herausfischt und diese sogar ohne Mitwissen des dortigen Mitarbeiters abändert, was im Normalfall ein Problem wegen Zuständigkeitsrangeleien ergibt.

Eigentlich hat sich damit nur etwas im Außenverhältnis geändert. Ein bestimmter Vorgang kann nun aufgrund ausreichender Informationen von vielen Sachbearbeitern bewältigt werden. Er ist nicht mehr nur einem Mitarbeiter zugeordnet. Paradoxerweise hat man früher die strenge Konzentration auf ein genau abgegrenztes Arbeitsgebiet genau damit begründet, daß dies eine schnelle Information über mögliche Veränderungen ermögliche und man die Verantwortlichkeit eines Sachgebiets jemandem zuordnen könne. Wenn man genau hinschaut, hat sich durch den PC nichts geändert. Im Innenverhältnis gelten weiter dieselben Regeln, Zuständigkeiten und Verantwortungsbereiche. Nur, den Bürger als Kunde interessiert die Serviceleistung und nicht das interne Kompetenzgerangel. Der PC verbessert ersteres und läßt das zweite unberührt.

Alle in einem Boot – wie der PC die Kooperation in Betrieben und Organisationen verbessert

Der Frage nachzugehen, was es bedeutet, Informationen nicht mehr nach der formalen Zuständigkeit zu verteilen, sondern jedem uneingeschränkt zugänglich zu machen, lohnt sich auch für die Privatwirtschaft, und zwar in mehrfacher Hinsicht.

Erstens verändert sich die Qualifikation der Mitarbeiter, weil sie ihre Aufgaben besser bewältigen, wenn sie sich fast uneingeschränkt informieren können. Sie können damit über den berühmten Tellerrand hinausblicken, ihre

Arbeit in den größeren Zusammenhang mit dem Gesamtunternehmen und den Betriebszielen stellen.

Nehmen wir einmal einen Buchverlag. Befragt man dort Mitarbeiter, so drückt sie der Schuh meistens an derselben Stelle. Der Vertrieb will vom Lektorat mehr Verkaufsargumente und Leserkreisprognosen, um besser trainiert in die Verkaufsarena zu steigen. Das Lektorat wünscht sich durchaus vom Außendienst und Vertrieb inhaltliche Anregungen, um noch attraktivere Bücher und Verlagsprodukte zu entwickeln und noch näher am Puls der Zeit zu sein. Der Konflikt ist vorprogrammiert, der eine mißtraut dem anderen und umgekehrt. Wie einfach wäre es doch, wenn beide ihre Erfahrungen und Kenntnisse in einen Informationspool würfen, aus dem sich alle Akteure bedienen könnten. Der Lektor würde die Probleme des Verkaufs, der Vertriebsmitarbeiter die des Lektorats besser verstehen lernen. Zwei Welten träfen sich und organisierten sich zu einer, was beiden zugute käme.

Ein anderes Beispiel: Ein großes Bauprojekt basiert in der Regel auf einer ausgefeilten Planung, aus der sich zahlreiche Einzelanweisungen und -arbeitsschritte ergeben. Ich behaupte, je mehr Beteiligte die Planung kennen und die Gesamtstruktur durchblicken, desto größere Erfolgsaussichten hat diese Planung – allein schon deshalb, weil informierte Mitarbeiter sich auf die unvorhergesehenen Hindernisse und Fallstricke jeder Planung besser einstellen können. Was ich hier sage, ist nicht irgendein theoretischer „Quark", der in der Wirklichkeit an der Motivation und dem Verantwortungsbewußtsein des einzelnen scheitert, sondern Alltagserfahrung. Befragen Sie Mitarbeiter, die in einer solchen Struktur arbeiten. Überall die gleiche Antwort: Sie sind motivierter, kreativer und damit effizienter für das Produkt und das Unternehmen.

Die Kehrseite der Medaille: Mit vielen Informationen umzugehen will gelernt sein. Nur allzugerne ziehen sich Mitarbeiter auf ihre angestammte Kompetenz und Zuständigkeit zurück, weil sie ihnen Sicherheit gewährt. Wenn irgend etwas falsch läuft, kann man es noch immer dem Kollegen zuschieben. Die formale, starre Hierarchie garantiert Verläßlichkeit in der Aufgabenwahrnehmung und nimmt auch diejenigen in Schutz, die sich im kalten Wasser der Verantwortung sonst verkühlen. Nicht alle Mitarbeiter sind dafür geschaffen. Der Lack der bisherigen formalen Organisation beginnt also abzublättern. Vorgesetzte, die bisher glaubten, das Ruder fest in der Hand zu halten, müssen auch einmal andere steuern lassen. Die eingefahrene Rollenverteilung zwischen Chef und Untergebenem wird aufgeweicht. „Mehr Demokratie wagen", hieß es Anfang der 70er Jahre in Willy Brandts Regierungsprogramm. „Mehr Demokratie in Betrieben und Organisationen mittels PC", lautet der Slogan heute. Ein Fortschritt in die richtige Richtung, wie ich meine.

Zweitens verändert sich die organisationsinterne Kontrolle. Denn vier, sechs oder viele Augen sehen mehr als zwei. Mitarbeiter, die auf die Zuarbeit eines anderen angewiesen sind, in dessen Informationen Einblick nehmen, können den gesamten Ablauf besser einschätzen und im Zweifel Fehler feststellen und korrigieren. Wenn also viele Einsicht nehmen können, wird eine Kooperation im wahrsten Sinne des Wortes stattfinden. Man braucht sich nicht mehr nur unbesehen auf die Hinweise derer zu verlassen, die dafür scheinbar ausschließlich zuständig sind. Wenn aber alle an einem Strang ziehen, braucht man Vertrauen und Toleranz zueinander. Wer in seinem Kollegen nur den direkten Konkurrenten um Ansehen und Image sieht, der wird sich in einer transparenten Kommunikationsstruktur sehr schwer tun.

Innerorganisatorische Kooperation bedeutet Zusammenarbeit für ein gemeinsames Ziel – und dies in einer Welt voller Spezialisten und hochdifferenzierter Arbeitsteilung – scheinbar ein Widerspruch, doch möglich, wenn die Kooperation zur obersten Prämisse erklärt wird. So ist es auch zweitrangig, ob die Kooperation auf der Basis völliger Gleichberechtigung erfolgt oder einer Gruppe zur Federführung übertragen ist. Die Ablauforganisation wird davon nicht beeinträchtigt.

Bei der Kalkulation eines großen Bauprojekts überlegt man, welche Teile in der Nähe der Baustelle beschafft werden können, was man selbst erledigen kann, was vor Ort zusammengesetzt wird und wie groß die Teile sind, die über eine längere Strecke transportiert werden müssen. Ein Experte klärt, wie es mit den Transportmöglichkeiten und -risiken beschaffen ist und klärt die Kostenfrage. Hier wird er womöglich zögern und den Versicherungsfachmann im Betrieb hinzuziehen, weil nur dieser weiß, ob sich die erwarteten Risiken versichern lassen und welche Kosten dabei entstehen.

Wenn Spezialisten aber nur dann zum Zug kommen, wenn ihr Part benötigt wird, entstehen mehrere Gefahren: Auf der einen Seite kann ein Einspruch dazu führen, frühere Entscheidungen zu revidieren, andererseits muß der Experte vielleicht auch früher getroffene Entscheidungen hinnehmen, ohne etwas verändern zu können. Flexibilität und Qualität bleiben dabei auf der Strecke. Beide funktionieren aber auf dem Wege von qualifizierten Teams und Arbeitsgemeinschaften, die den unliebsamen Überraschungen der Einzelkämpfer-Entscheidungen entgegenwirken. In Teams wird man sich gegenseitig unterrichten und Abläufe koordinieren. Der PC steht auch hier im Mittelpunkt der Ereignisse.

An unserem kleinen Beispiel mit dem Bauprojekt wird es deutlich. Ein Angebot für das besagte Objekt soll erstellt werden, erste Vorausplanungen über den zeitlichen Ablauf des Projekts werden in Angriff genommen. Der Experte für die Transporte kann jetzt, ohne seinen Arbeitsplatz verlassen zu müssen, an einer Konferenz mit anderen Fachkräften teilnehmen. Mit dem PC kann er weitere Daten berücksichtigen und sofort einbauen. Er greift in die Planung ein, ohne physisch anwesend zu sein und wertvolle Zeit durch Termine außer Haus zu verlieren. Auch den Kollegen in den anderen Abteilungen geht es so. Ziel ist es dabei, in Kleingruppen an etwas zu arbeiten, das andere erst später berühren wird. Sie gilt es so früh wie möglich zu informieren und an den Entscheidungsprozessen zu beteiligen. Der PC ermöglicht dies schnell, einfach und wirkungsvoll. Jeder wirkt auf den Informationspool in der Weise ein, daß die vernetzten und gemeinsam erarbeiteten Daten die nötigen Entscheidungen vereinfachen und beschleunigen. Wer so arbeitet, wird seinen Terminkalender schon bald von allen Terminen entrümpelt haben, die er vorher für Meetings und Besprechungen, meist sogar noch außer Haus, aufgewendet hatte.

Im betrieblichen Alltag liegen die Dinge natürlich häufig viel einfacher. Hier geht es um Informationen, die viele Mitarbeiter aufnehmen und verwenden könnten. „Ja", so wird mancher Leser jetzt denken, „wenn sie nur zugänglich wären." Oft darf er oder will er gar nicht die vorhandenen Informationen nutzen, weil es der Chef nicht gestattet oder er nur auf Anweisungen sein Gehirn anstrengt. Fazit: Eine starre Verteilung von Informationen schafft Spezialisten. Viele Organisationen haben mehr davon, als ihnen lieb sein kann. Sie produzieren sie im Zweifel sogar selbst, wenn die Arbeitsteilung strikt nach dem Ablauf der Arbeiten organisiert ist. Dann wird jeder Spezialist unentbehrlich, was dieser wiederum zu schätzen weiß. Er wird zum Hindernis, wann immer er will. Das Ende vom Lied ist No-operation statt Ko-operation, weil nun die Terminkalender, Arbeitspläne und womöglich auch die willkürlichen Selbstdarstellungsbedürfnisse einer wachsenden Zahl von Beteiligten berücksichtigt werden müssen.

Kommunikation heißt nicht, daß alle gleichzeitig sprechen

Ganz so einfach, wie das alles klingt, will ich es mir aber nun auch wieder nicht machen. Es ist sogar möglich, daß die mannigfaltigen Informationsmöglichkeiten eine Kooperation erübrigen, nämlich dann, wenn man sich das Wissen eines Kollegen aneignet, bevor sich dieser zu Wort meldet. Es gibt sogar Fälle, in denen Mitarbeiter die Arbeit eines Kollegen stillschweigend übernehmen, ohne daß dieser es bemerkt. Klar, daß hier Kooperation überflüssig wird. Andererseits verbessern die Informationsquellen die Kooperation, weil die relevanten Wissensbausteine nicht mehr unkontrolliert zusammengetragen werden. Damit lassen sich zeitliche Planung und Vorarbeiten besser abstimmen. Die Vision wäre ein konstruktives Nebeneinander.

In der Wirklichkeit ist es häufig noch ein aufwendiges Nacheinander. Addiert man beispielsweise jeden Zeitaufwand, der durch Doppelbearbeitung ohne Wissen des Kollegen oder durch die verspätete Artikulation von Einwänden und Anregungen zu einem Projekt zustande kommt, ahnt man bereits die Ausmaße der Zeit- und Energieverschwendung. (Ich will noch gar nicht einmal davon sprechen, wie viele Menschen in ihrem Beruf Dienst nach Vorschrift machen und innerlich bei der Arbeit abgeschaltet haben.)

Paradoxerweise ermöglicht der PC-Einsatz ein Phänomen, an das man in diesem Zusammenhang überhaupt nicht denken würde: die Entdeckung der Langsamkeit. Wir bedauern ja alle die schnellebige Zeit, in der wir leben. Viele fühlen sich kraftlos, beim Wettbewerb des „schneller, höher, weiter" noch mitzuhalten. Schon greift man zu Cassetten mit Meditationsmusik und esoterischen Klassikern, um wieder Ruhe und Muße im Geschwindigkeitstaumel unserer Gesellschaft zu finden. Wer hielte nicht gerne ein Werkzeug in Händen, das Streß und Anspannung abbauen hilft.

Der PC kann dies natürlich nicht direkt. Wenn Sie aber dieses Buch bisher aufmerksam gelesen haben, wird es Ihnen nicht entgangen sein, daß der PC ein Instrument ist, das Ihnen mehr Zeit, aber weniger Arbeit übrig läßt. Sie gewinnen dadurch einfach mehr Zeit, in Freiheit etwas zu tun, was Ihnen zusätzlich Freude bereitet. Diesen Effekt haben erst ganz wenige begriffen, meinen sie doch, die entstandene freie Zeit mit neuen Arbeiten vollstopfen zu müssen.

Sinnvolle und flexible Arbeitsformen sind die Trends für das Leben von morgen. Starre 37,5-Stunden-Arbeitswochen werden zugunsten einer flexibleren Arbeitszeit weichen. Heute gibt es bereits Unternehmen, in denen die Mitarbeiter Herr ihrer Zeit sind. Sie bestimmen in kleinen, autonomen Arbeitsteams ihre tägliche, wöchentliche und monatliche Arbeitszeit. Die Eigenverantwortung für ihr Tun wird damit erheblich gesteigert. Es ist schon fast überflüssig, darauf hinzuweisen, daß Betriebe mit einer solchen Struktur ihre Arbeitsproduktivität bis zu einem Drittel gesteigert haben. Wer seine Zeit souverän zu beherrschen weiß, der wird die Langsamkeit wieder dort für sich entdecken, wo er sie braucht. Er wird aber gleichzeitig die hohen Tempi im Beruf mithalten können, weil er das Werkzeug in Händen hält, das ihm diese Souveränität verleiht. Trotz der weltweiten Zunahme der Geschwindigkeiten in den gesellschaftlichen Abläufen, wie sie der französische Philosoph Paul Virilio* so detailliert diagnostiziert, gibt es ein Mittel, das Erleichterung verschafft. Sie sollten es nutzen!

Zudem verschafft einem der PC während der Arbeit auch Luft und Zeit, um konzentrierter und intensiver vorzugehen. Wer kennt nicht das Bauchkribbeln, das einen überfällt, wenn man einen Bericht auf den letzten Drücker erledigen muß oder von der Last der Aktenberge erdrückt wird. Mit dem PC lernt man wieder, kreativ nachzudenken und seine Talente zu fördern, weil jener die lästigen Zeiträuber in Ketten legt, ohne daß sie einem weiter unnötig Kraft rauben. Die Entdeckung der Langsamkeit und eigenen Kreativität mit dem PC als Katalysator funktioniert als Prinzip aber nur so lange, wie die freigeschlagene Zeit auch frei bleibt. Wer sich als Arbeitgeber nur die Hände reibt, weil er den einzelnen Mitarbeitern jetzt noch mehr Arbeit aufbürden kann, der hat von der sanften Revolution durch den PC nichts verstanden – wer dann allerdings nur in der Hängematte liegenbleibt, auch nicht. Auch hier gilt wieder die Devise: Es liegt an uns, wie wir mit dem Werkzeug umgehen. Wir können damit mehr Demokratie und Freiheit erreichen, aber uns auch zu modernen Arbeitssklaven entwickeln.

Doch wenden wir uns noch einmal der PC-Kommunikation zu. Positiv ausgedrückt gestaltet sie Organisationen flexibler, löst sie aus ihrer Erstarrung oder zeigt auf, was, wo und wie zur Erstarrung führt. Lassen Sie mich ein

---

* Paul Virilio: Geschwindigkeit und Politik, Berlin 1980

besonders prägnantes Beispiel erzählen, leider schon wieder eines aus der öffentlichen Verwaltung. Nur: Wo sonst wird einem die Gefahr der Erstarrung durch hierarchische Zuständigkeitsverteilung schonungsloser aufgezeigt? Die Privatwirtschaft ist in diesem Fall ein ungleich schlechteres Beispiel.

In einem Industriegebiet in einer mittelgroßen Stadt in Deutschland wurden vor einigen Jahren größere Mengen an Dioxin entdeckt. Eine gefährliche Situation, nicht nur für die direkten Anwohner, sondern auch für die Beschäftigten des betroffenen Unternehmens. Die Untersuchungen ergaben, daß man die Altlasten beseitigen, die Anwohner vorübergehend ausquartieren und die gefährdeten Arbeitsplätze stillegen mußte. Der Ablauf der beschlossenen Maßnahmen sollte von verschiedenen Behörden zügig abgewickelt werden.

Das Umweltministerium, von den Medien jetzt stark unter Druck gesetzt, forderte das zuständige Regierungspräsidium auf, die Angelegenheit so weit als möglich selbst zu regeln. Dort wurden umgehend fast alle (sechs von sieben) Abteilungen in den Vorgang eingeschaltet. Das Baureferat hatte es mit der Räumung der Gebäude und ihrer weiteren Nutzung zu tun, die Landwirtschaftsabteilung mit den belasteten landwirtschaftlich genutzten Flächen, die Wasserwirtschaftler waren für die Sanierung zuständig, die Sozialabteilung für die gesundheitlichen Fragen und das Umweltreferat für den bei der Sanierung anfallenden Abfall. Zudem mußte die Abteilung für allgemeine Verwaltung rechtsaufsichtlich eingeschaltet werden, weil der Landkreis die Annahme des Abfalls verweigerte. Die Pressestelle war ohnehin ständig damit beschäftigt, Stellungnahmen des Regierungspräsidenten unter das Volk zu bringen.

Das Ende vom Lied ist nicht schwer zu erraten. Die Kooperation funktionierte überhaupt nicht. Darauf angesprochen, erklärten die betroffenen Beamten, sie seien durch ihren engen Fachbereich nicht befugt, sich in Belange anderer Abteilungen einzumischen, die hierarchische Konstruktion behindere eine sinnvolle Zusammenarbeit, die Informationen zwischen und innerhalb der Abteilungen flössen nur spärlich, schließlich müsse man ja auch den Konkurrenzkampf berücksichtigen, desweiteren könne man überhaupt nicht einschätzen, welche Informationen die Kollegen benötigen würden, die Zeitplanungen der einzelnen Referate seien im übrigen auch völlig unterschiedlich.

Hätte man nicht die Wichtigkeit des Vorfalls vor Augen, man käme fast zu der Einsicht, die zuständigen Beamten bedürften eines umfassenden psychologischen und organisationsbezogenen Selbstmanagementstrainings. Schließlich wollen unsere Staatsdiener auch effektiver arbeiten, demokratischere Entscheidungsstrukturen und transparente Informationsabläufe in ihren Alltag einführen. Doch es kam anders: Der Regierungspräsident übernahm in dem heillosen Durcheinander das Zepter und übertrug die Federführung einer Koordinierungsstelle. Diese wiederum wurde zum lebenden Beweis dafür, daß die jetzt erwartete Kooperation und Koordination der Beteiligten ein Schuß ins Ofenrohr wurde. Erst als die Vorgesetzten sich direkt einschalteten, konnte der peinliche Vorgang in überschaubarere Gewässer geleitet werden.

Was war passiert? Ein solcher Fall verweist zunächst einmal auf die Schwierigkeiten jeder fachlich völlig aufgedröselten Großorganisation. Er ist damit kein Ausnahmefall und nicht unbedingt nur typisch für öffentliche Verwaltungen. Nein, diese Geschichten laufen auch in privaten

Unternehmen und Konzernen ab. Nur ist die öffentliche Einsichtnahme dort sehr viel beschränkter, wodurch vergleichsweise nur wenige Fälle ans Tageslicht und in die Medien gelangen. Ist es dann soweit, wird oft auf die moralische Skrupellosigkeit sonnenbebrillter Manager verwiesen. Daß bisweilen die Organisation versagt, weil das interne Informations- und Kommunikationswesen ineffektiv arbeitet, wird dann gar nicht mehr in Erwägung gezogen.

Was liefe in diesen Fällen anders, wenn PCs im Einsatz und miteinander vernetzt wären?

Erstens wäre es sehr viel leichter, rasch ein vernünftiges Handlungskonzept zu erarbeiten und mit ihm zu klären, wann, wer auf welche Weise tätig werden muß. Das kann praktisch quasi als Chefsache verordnet oder aber gemeinsam festgelegt werden. In unserem Beispiel wäre eine gemeinsame Festlegung sicher von Vorteil gewesen, weil anfangs keiner den Umfang der einzelnen Schritte voraussehen konnte. Dies läßt sich jedoch mittels PC-Kommunikation relativ schnell ermitteln. Jeder Referent wird davon in Kenntnis gesetzt, egal, ob er sich betroffen fühlt oder nicht. Nach einer ersten Abklärung könnten bereits gezielte Besprechungen stattfinden.

Zweitens wäre in der heißen Phase der Abwicklung die Unterrichtung der beteiligten Akteure schnell zu bewerkstelligen. Auch nicht direkt involvierte Mitarbeiter blieben über alles informiert und könnten ihre Sicht der Dinge beitragen – ein Informationsvorteil, der schon manches Projekt entscheidend begünstigt hat. Außerdem ist eine langfristige Planung gesichert, wodurch sich die einzelnen Mitarbeiter schon weit im voraus einschalten können. Wenn Information und Kommunikation in diesem Sinne

Hand in Hand arbeiten, werden die einzelnen Räder zeitgerecht und ohne Verschleiß ineinandergreifen können.

Drittens würde die fachliche Beschränktheit der einzelnen Mitarbeiter aufbrechen und das Arbeitsergebnis insgesamt verbessert werden. Viele größere Projekte entstehen heute nach dem Baukastenprinzip. Jeder trägt seinen Teil bei, und der Koordinator sorgt dafür, daß alles rechtzeitig realisiert wird. Beim ersten Hinsehen mögen die Vorteile dieser Arbeitsteilung noch plausibel erscheinen, doch sehr schnell wird man auf die Schattenseiten aufmerksam.

Eine effektive Kommunikation zeichnet sich gerade dadurch aus, daß alle Erfahrungen und Argumente des anderen in die Qualität der Arbeit eingepaßt werden. Wer meint, dies in gelegentlichen Meetings oder Gesprächen erreichen zu können, oder gar immer neue Expertenteams zusammenwürfelt, der irrt. Die Informationsriemen müssen ständig geschmiert werden. Gegenseitige Unterrichtung ermöglicht Reaktionen, die sofort einfließen können. An seinem Schreibtisch zu warten, bis der Chef einen zur Mitarbeit aufruft oder man im Arbeitsablauf an der Reihe ist, führt zu unnötigen Zeit- und Energieverlusten und unzufriedenen Mitarbeitern.

Alle Umfragen in dieser Richtung kamen bisher zum Ergebnis, daß jeder gerne mehr Verantwortung und Eigeninitiative im Beruf übernehmen würde. Die unflexiblen Kommunikationsformen bisher sorgen aber dafür, daß fast zwei Drittel der arbeitenden Bevölkerung mit ihrem momentanen Arbeitsplatz nicht zufrieden sind. Und dies liegt nicht nur an den entfremdeten Arbeitsbedingungen, die für derlei Erklärungen immer herhalten müssen. So mancher wäre schon zufrieden, wenn er mehr

Verantwortung übertragen bekäme, von den besseren Arbeitsergebnissen gar nicht zu sprechen.

Der PC schafft dafür die Voraussetzungen mit. Technisch ist es längst kein Problem mehr, alle Unterlagen zu einem Vorgang aufeinander zu beziehen, sie einem oder mehreren Kollegen zu überspielen und deren Reaktionen gekennzeichnet miteinzubauen. Schauen Sie doch nur einmal in größere Unternehmen: Überall finden Sie eine Führungskraft, die ständig überlastet an zehn Projekten gleichzeitig arbeitet. Diese diktieren die Zeitplanung.

Dabei ist es nicht mehr verwunderlich, daß der- oder diejenige sich überfordert fühlt und sich auf nichts wirklich konzentrieren kann. Die eigentlichen persönlichen Stärken münden dann geschwächt durch Überlastung in den Vielfaltsbrei von vermantschten Vorgängen, die einem durch die Finger gleiten. Übrigens sind Streß und Überlastung heute die beliebteste Ausrede in Organisationen, persönliche Fehler zu entschuldigen.

Sie haben also die Wahl: den PC als Werkzeug effektiven Selbst- und Arbeitsmanagements zu nutzen oder todmüde nach den täglichen Überstunden ins Bett zu fallen.

Die Bürde des Menschen ist doch antastbar

Kommen wir nochmals auf unser Dioxin-Beispiel zurück. Sechs von sieben Abteilungen einer großen Behörde mit weit mehr als tausend Mitarbeitern waren an der Projektabwicklung beteiligt. Das bringt in erster Linie zusätzliche Arbeit, die erledigt werden muß. Der Mythos, man sei voll ausgelastet und zusätzliche Arbeit könne nur mit Überstunden oder auf Kosten der Gründlichkeit erledigt werden, wird dabei gerne ins Spiel gebracht. Schließlich plane man das Unerwartete schon deshalb nicht ein, weil man damit den Nachweis erbrächte, ausgelastet zu sein. Die Mitarbeiter stöhnen wegen der Mehrarbeit und müssen Zeit freischaufeln. Der bürokratische Prozeß der Verschleppung kommt in Gang.

Große Organisationen liebäugeln in der Regel mit einer breitgefächerten Arbeitsteilung, um gleichzeitig mehrere Projekte abwickeln zu können. Das Eigentor kommt dadurch zustande, weil es an der nötigen Kooperation hapert. Die Akteure sind praktisch nicht in der Lage, ihre Mitwirkung sinnvoll zu planen. In unserem Beispiel: Das Umweltreferat, das für die Sanierung der Altlasten zuständig ist, ist tagtäglich mit solchen Sondersituationen konfrontiert. Es muß mit anderen Behörden, aber auch mit den Verursachern oder Besitzern des betroffenen Geländes ständig in Kontakt bleiben. Diese Verhandlungen müssen zeitlich abgestimmt werden. Der Terminkalender platzt letztlich aus allen Nähten, wobei jede Änderung neue Mühen und Ärger verursacht. Kein Wunder also, daß die Sachbearbeiter sich gegen neue, arbeitsintensive Angelegenheiten sperren.

Es ist ein Teufelskreislauf: Je mehr Unerwartetes ins Blickfeld gerät, desto mehr will man es von sich schieben. Der Stau wird immer größer, bis der Verkehr zusammenbricht.

Perfekte PC-Kommunikation erleichtert es in jedem Falle, das Unerwartete in vertretbarem Maße einzuschieben. Man behält bereits im voraus den Überblick über seine Aktivitäten. Für modernes Arbeits- und Zeitmanagement, wie es in einschlägigen Ratgebern so überzeugend dargestellt wird, ist der PC die Grundvoraussetzung.

Darüber hinaus verhindert er Unmut und Frust bei den Beteiligten. Man kann seine Planung mittels PC an alle Beteiligten überspielen. Damit weiß jeder, woran er ist. Man könnte fast sagen, das Zeitalter der geheimen Terminplanung sei nun endgültig vorbei, jetzt gelte ein umfassendes Informationsglasnost.

Der PC entlastet und entzerrt komplexe Arbeitsvorgänge. Mit dieser neuen Freiheit muß man natürlich umgehen lernen, denn nicht jeder ist, wie wir eben gerade gesehen haben, darauf vorbereitet. Es soll ja immer noch Leute geben, die ihre Mitwirkung als Gnadenakt darstellen oder ihre Überlastung wie einen Bauchladen vorneweg tragen. Sie werden ihre Einstellung ändern müssen, vor allem in einer Informationsgesellschaft, in der die Ampeln für den Datenverkehr auf Grün geschaltet sind.

Ob allerdings der technische Fortschritt wirklich zu unser aller Fortschritt wird, hängt von den Nutzern ab. Wer sich mehr Informationen als vorher beschaffen kann, muß im Zweifel damit anders umgehen. Dies erfordert Eigenverantwortung und Mut. Sich in einen Informationsablauf einzuschalten, wird das Phänomen der Wichtigtuer oder Dünnbrettbohrer nicht zum Verschwinden bringen. Der PC kann die Motivation und Einstellung zur Arbeit nicht direkt verändern. Aber er ist ein Werkzeug, diese in positive Bahnen zu lenken.

Fazit: Wir brauchen nicht nur ausschließlich Leistungswillige, die mit höchster Effektivität das Wohl ihrer Unternehmen vermehren. Die Leistung soll der PC erbringen, damit der einzelne wieder mehr Zeit für sich und seine Kreativitätsentfaltung hat. Dies wird den Unternehmen in Zukunft eine höhere Arbeitsproduktivität bescheren als die Logik der Stechuhren und Hierarchien.

Die sanfte Revolution

Im Hinblick auf die Zukunftstrends am Arbeitsplatz war hier bewußt vom PC die Rede, nicht von der Datenverarbeitung, den Computern und anderen großen Informationssystemen. Alles Gesagte wird durch den PC ermöglicht, es kann aber ebenfalls Teil eines großen Systems sein. Der PC nützt aber auch dort, wo man nur isoliert mit ihm arbeitet oder ihn nur zum Teil vernetzt. Der PC ist auf seinen Nutzer zugeschnitten. Er soll individuell genutzt werden.

Eine Frage, die wir immer wieder gestellt bekommen, ist die, ob man sich ein großes System beschaffen oder PCs nach den Wünschen der Mitarbeiter installieren soll. Ich denke, als Faustregel bietet sich folgende Erkenntnis an: Je mehr selbständige Arbeit anfällt, desto besser ist ein PC, weil sein Nutzer ganz eigene Strukturen entwickeln kann. Was in Ihren Ohren vielleicht nach Werbung klingt, ist eine aus der Erfahrung entwickelte Überzeugung.

Wer individuell arbeitet, als Architekt, Ingenieur oder Journalist, der kann auf seine ganz persönlichen Bedürfnisse abgestimmte Programme benutzen. Zudem sind sie leichter zu bedienen. Man kann sich auf das konzentrieren, was man mit dem Gerät inhaltlich bewerkstelligen will. Komplizierte Bedieneranleitungen sind Zeiträuber und verderben Lust und Spaß am PC-Arbeiten. Wie oft habe ich schon erlebt, daß Leute von der Unmöglichkeit, einen PC jemals zu bedienen, so besessen waren, daß für sie jeder Gedanke daran pure Zeitverschwendung war. Die selben Leute verfallen nach ihren ersten PC-Erfahrungen geradezu ins Gegenteil, in eine Euphorie, die grenzenlos scheint. Schon planen sie neue Anwendungsmöglichkeiten, stilisieren den PC als Wundermittel hoch. Doch dies ist er nicht; er ist nur ein Werkzeug mit höchster Effizienz.

Die PC-Revolution ist eine sanfte, weil sie für viele unmerklich geschieht. Bisher fraß jede Revolution ihre eigenen Kinder. Die PC-Nutzer von heute und morgen haben es in der Hand, wie in diesem Kapitel beschrieben, für mehr Freiheit, Demokratie, Transparenz des Wissens in Beruf und Alltag einzutreten. Die Gefahren der Überwachung und Kontrolle sind der ursprünglichen PC-Logik diametral entgegengesetzt.

Kapitel 8
Blickpunkt Management

Im Stichwortverzeichnis des deutschen VLB (Verzeichnis lieferbarer Bücher) findet man unter Management eine ganze Latte von Neuerscheinungen, Standardwerken und Bestsellern, aber auch überflüssige Ratgeber, die einem auf jeder Seite klarmachen wollen, wie dumm man doch bisher sein Business betrieben hat.

In Management- und Führungsseminaren wird der bedürftigen Klientel das richtige Verhalten und Motivation antrainiert, mit denen es dann auf die Mitarbeiter losgelassen wird. Eine ganze Branche kümmert sich um das Wohlbefinden einiger weniger Führungskräfte und definiert das Managerdasein bis in die letzten Winkel.

Die Erkenntnisse aus diesem Bereich hier wiederzukäuen, wäre vergebliche Liebesmüh, kann man doch davon ausgehen, daß die meisten Leser dieses Kapitel getrost überschlagen würden. Ich will wieder unseren Hauptdarsteller, den PC, in den Mittelpunkt rücken. Fassen wir das bisher Gesagte noch einmal kurz zusammen: Der PC ist ein Strukturmerkmal unserer Zeit, weil er ihre potentiellen Möglichkeiten zum Ausdruck bringt und tiefgreifende Veränderungen hervorruft. Sie beziehen auch das Management mit ein.

Lassen Sie mich dies anhand von drei verschiedenen Gesichtspunkten beweisen.

Der PC im Chefsessel

Eine weitverbreitete Meinung in Industriekreisen ist das Gerücht, die Amerikaner wären uns überall zehn Jahre voraus. Obwohl diese Ansicht in den meisten Bereichen völlig überholt ist, gilt es in der Computerindustrie in Ansätzen immer noch. Der Computer hat in den USA früher und schneller Karriere gemacht als in Deutschland – natürlich auch der Personal Computer. Ein amerikanischer Manager wird sich in aller Regel einen PC nicht nur zur Verschönerung ins Arbeitszimmer stellen, sondern ihn auch benutzen. Er wird darüber ebenso unbefangen und locker sprechen wie über die letzten Baseballergebnisse, und er wird sich nicht genieren, wenn er im Umgang mit dem PC einen Fehler macht und vielleicht sogar ein Programm abstürzt. Der Umgang mit dem PC ist für ihn längst alltäglich geworden. Selbst Frankreich und Italien sind, was die PC-Nutzung im Management betrifft, auf dem Weg nach oben.

Leider befinden sich die Manager hierzulande noch in einer Art Dornröschenschlaf, nicht zuletzt deswegen, weil sie den PC nicht als Werkzeug eigener Art benutzen. Es genügt vielerorten, wenn die Sekretärin ihn bedienen kann. Nur was nützt es, wenn die Sekretärin erst eine Mitteilung ausdrucken und dem Chef vorlegen muß, um eine Information weiterzugeben. Da gibt es andere Wege. Die Tastatur bietet ja schon selbst, wie wir bereits gesehen haben, eine zusätzliche Bandbreite von Möglichkeiten der Informationsübermittlung. Es sei hier nur an die Kommunikation von PC zu PC erinnert.

Der PC gehört deshalb wie das Telefon oder eine Sprechanlage in das Chefzimmer. Nur – der Chef muß das Gerät auch bedienen können. Was einfach klingt und heute in jedem Stellenprofil einer Sekretärin vorausgesetzt wird, ist für die Chefs noch lange nicht verbindlich. Zwei Barrieren gilt es zu überwinden.

Noch immer wird das Vorzimmer oder Sekretariat als Auffangbecken und Sieb für einlaufende Informationen betrachtet. Wer kennt sie nicht, die Einheitsfloskeln: „Herr X befindet sich in einer Besprechung. Ich kann leider nicht stören." Das Vorzimmer als Schaltstelle versperrt den Einlaßbegehrenden den Zutritt. Dort werden Termine vergeben, Anrufer durch- oder zurückgestellt, und in Sekundenschnelle befindet man wie Türsteher vor einer Diskothek darüber, wer vor darf. Dahinter steht der Mythos, der Status als Chef müsse auf alle Fälle gewahrt bleiben.

Zudem schwören die meisten Bosse hierzulande noch immer auf das mündliche Diktat oder das Stenogramm – Tätigkeiten, die vom Selbstverständnis her als niedere Arbeiten betrachtet werden. Welcher Chef würde sich schon gerne ertappen lassen, wenn er hilflos im Adler-Suchsystem die Tastatur seines PCs malträtiert. Doch die Entwicklung läßt sich nicht aufhalten. Die PC-Tastatur wird zudem in Bälde durch die Sprache ersetzt werden, womit auch diese letzte Barriere fallen wird. Im Reden sind die meisten Manager ja schließlich Spitze!

Zu den Statusproblemen gehört ebenfalls, daß bei vernetzten PCs der Zugang zum Chef ungleich offener wird als er es heute häufig noch ist. Allen Netzteilnehmern ist es dann vergönnt, ihre Informationen ohne Filter ins Netz einzuspeisen. Das kann man zwar technisch unterbinden, indem man dem PC des Chefs den der Sekretärin vorschaltet, wodurch diese weiter aussortieren und aussieben kann; jener wird sich aber dann vorhalten lassen müssen, auf ein Stück Moderne nur aus Statusgründen zu verzichten. Hinter vorgehaltener Hand wird sogar von deutschen Managern berichtet, die einen PC als Staffage in ihrem Büro aufstellen, ohne ihn wirklich benutzen zu wollen oder zu können.

Der Umgang mit dem PC bildet die zweite Barriere, sozusagen eine generationsbedingte. Ältere Manager hatten in der Anfangszeit ihrer Karriere – ich erinnere an die erst 15jährige Geschichte des PC – keine Gelegenheit, mit ihm umzugehen. Sie haben nicht gelernt, eine Tastatur zu bedienen. Dafür gab es ja die Sekretärin, gegen die man im direkten Vergleich womöglich „alt" ausgesehen hätte. Man verzichtete auf den PC, selbst wenn er im Betrieb ansonsten leidlich genutzt wurde. Die fehlende Erfahrung ist eine nur schwer zu überwindende Hürde. Sie erfordert einen Lernprozeß, den man im Angesicht von Mitarbeitern, die über derlei Kenntnisse längst verfügen, vollziehen muß. Das bringt Autoritätsprobleme mit sich. Der Chef fühlt sich als Chef nicht mehr wohl, noch dazu, wenn er bei der Bedienung nicht mehr weiter weiß.

Doch die Zeiten haben sich auch hier geändert. Die meisten Programme verzeihen mittlerweile folgenreiche Fehler, ohne gleich abzustürzen. Unsere Macintosh waren in dieser Hinsicht bahnbrechend. Außerdem kann man auf die Maus ausweichen und die Tastatur beiseite lassen, wenn man den PC zur Information oder Entscheidungshilfe nutzt und kaum Zahlen und Texte eingibt. Manche Manager lassen sich sogar von ihren Kindern zu Hause in die geheimnisumwitterte Welt des PCs einweisen. Die heutige Generation hat diesbezüglich keine Berührungsängste mehr und kann über die meisten Bedienungsprobleme nur lachen.

Das wiederum deutet auf einen Generationenwechsel hin. Die jüngeren Manager sind mit dem Computer groß geworden. Wer heute studiert oder sich sonstwie ausbilden läßt, für den sind PC-Kenntnisse zum Basiswissen geworden. Im Schulunterricht hat er längst seinen Platz gefunden. Immer mehr Studenten lernen, systematisch in der Bibliothek nach dem zu suchen, was man für eine Arbeit braucht, Recherchen in Auftrag zu geben, sich in Datenbanken umzusehen. Paradoxerweise haben Berufsanfänger, insbesondere bei Behörden, Schwierigkeiten, wenn sie mit ihrem Wissen in eine veraltete Struktur geraten. Die Fälle häufen sich, in denen Mitarbeiter ihren privaten PC mit ins Büro bringen, weil sie anders nicht mehr arbeiten wollen.

Der Einzug des PCs in das Chefzimmer ist also nicht aufzuhalten. Die Status- und Benutzerbarrieren werden wie von selbst verschwinden. Die Folgen sind gewaltig und in ihrer Gesamtheit nicht so leicht abzuschätzen. Werfen wir nur einmal einen Blick in die Informationsverarbeitung in Organisationen.

Hierarchien – nein danke!

Seltsamerweise läßt sich auch heute noch eine abgestufte Hierarchie bei den eingehenden Informationen feststellen. Diese gehen zuallererst zur Spitze und werden von dort aus wieder verteilt. So gibt es noch Unternehmen, in denen der Chef erst die Tagespost vollständig sichtet, bevor sie an die einzelnen Abteilungen weitergeleitet wird. Diese Chefs argumentieren damit, den vollen Überblick und die Kontrolle behalten zu wollen, weil nur sie in der Lage wären, die Realisierung der Unternehmensziele voranzutreiben. Dies funktioniert aber nur, wenn die Informationen schriftlich zu einem bestimmten Zeitpunkt kommen und wenn sie mengenmäßig überschaubar bleiben.

Diese Firmen bewegen sich jedoch strukturell in der Vergangenheit.

Im nächsten Schritt gehen die Informationen in der Regel direkt zu den Sachbearbeitern. Diese dürfen eigenständig unterscheiden, was im Rahmen der Routine bearbeitet wird und was seiner Bedeutung gemäß oberste Priorität hat. Das Verfahren ist ebenfalls noch primitiv, weil es eine gewisse innerbetriebliche Homogenität voraussetzt. Der Sachbearbeiter hat also idealtypisch einen Vorgesetzten, der dessen Tätigkeit genau überblickt, bei Bedarf einschreiten und den Vorgang zur Bearbeitung an sich ziehen kann. (Eine Situation, wie wir sie immer noch in vielen Fachbehörden und Betrieben vorfinden, in denen das Arbeitspensum nicht zu sehr ausufert.)

Wenn sich allerdings Organisationen vergrößern und nach innen ausdifferenzieren, greifen die beiden Modelle zu kurz und gehören damit im Gruselkabinett ineffektiven Geschäftsalltags abgelegt. Denn mit der Größe nimmt auch die Offenheit der Informationsaufnahme zu.

Wagen wir einen Blick zurück nach vorn. Ein preußisches Ministerium hatte vor hundert Jahren einen Minister, einen Ministerialdirektor und maximal zwölf Referenten. Alle eingehenden Informationen wurden auf diese zwölf Personen verteilt. So gingen Briefe, Erlasse und Berichte unter, die jene nicht lasen oder nicht lesen wollten. Heute weist ein Ministerium in Bonn neben dem Minister mindestens zwei Staatssekretäre, sechs bis acht Ministerialdirektoren und durchschnittlich hundert Referate mit wiederum mehreren Mitarbeitern auf. Nicht nur die Anzahl der Mitarbeiter hat sich verändert, sondern auch die Art und Weise der Informationen und ihre Übermittlung.

Eine Anfrage eines Bürgers etwa, der sich um die Entsorgung von Sondermüll Gedanken macht, braucht nicht mehr dem Minister vorgelegt zu werden, sondern wird in der Regel von subalternen Beamten beantwortet. Im günstigsten Fall wird diese Art von Information so sortiert, gebündelt und zu Paketen verschnürt, daß sie später in die höheren Ministeriumsetagen gelangt.

Nehmen wir einmal an, ein Bürger fragt im Umweltministerium an, wohin er seinen defekten PC zur Entsorgung geben kann – ein Vorgang übrigens, auf den bei weitem nicht alle PC-Benutzer eine Antwort wissen. Im günstigsten Fall antwortet ein Referent, in dem er dem Fragesteller eine Broschüre schickt, in der alle Modalitäten geregelt sind. Ist dies nicht der Fall, wird die Sache schlagartig kompliziert. Der Referent trägt das Problem seinem Fachvorgesetzten vor, wodurch eine Art Bergaufstieg in Gang gesetzt werden kann. Von Felsen zu Felsen klettert unsere Anfrage empor, bis sie an eine Stelle gerät, die verfügt, daß eine Broschüre über die Entsorgung von Computern produziert wird. Wie gesagt, dies ist der günstigste Fall. Oft bleiben solche Wünsche im Gestrüpp der Referatszuständigkeiten hängen. Sie verschwinden auf Nimmerwiedersehen in den Informationskanälen des Ministeriums.

Nehmen wir nun an, unser Fragesteller ist darüber derart empört, daß er einen geharnischten Brief an den Minister schreibt. Der hat natürlich von dem Vorfall nicht die geringste Ahnung. Er setzt aber zur Rekonstruktion der Ereignisse wieder ein Förderband in Bewegung, das ihm am Ende die Auflösung des Vorgangs auf den Tisch liefert. Ein beschwichtigender Brief und die gewünschten Informationen werden den zornigen Bürger bald wieder zur Ruhe kommen lassen.

Betrachtet man den Gesamtaufwand der geschilderten Ereignisse, so stehen einem ob dieser Verschwendung die Haare zu Berge. Ich sage nur, mit PC-Kommunikation kann das nicht passieren. Die Ersparnis an Zeit und Energie wäre gewaltig. In der Vernetzung mit einer entsprechenden Datenbank hätte die gewünschte Information sogar in Sekundenschnelle vorgelegen.

Gestatten Sie mir noch einige Worte zum Führungsverhalten in den heutigen Chefetagen. In einer liberalen Informationsgesellschaft hat der Chef etwas anderes zu tun, als sein Augenmerk ausschließlich auf die Kontrolle seiner Organisation zu richten. Auch ihm ermöglicht ja der PC mehr Zeit, um seine Kreativität gezielter einzusetzen. Seine Mitarbeiter bedürfen nicht mehr so stark der direkten Führung und Einflußnahme, weil sie eigenverantwortlich am Informationsgeschehen des Unternehmens teilnehmen. Der Chef wird zum Moderator seiner diversen Teams. Dem Moderator geht es um die Kooperation seiner Mitarbeiter, um ein vernünftiges Klima, um die Sicherung der Arbeitsvoraussetzungen, um die Einarbeitung neuer Mitarbeiter und ähnliches mehr.

Deshalb will ich nicht dem Slogan „Firma ohne Chef" das Wort reden. Vorgesetzte sind besonders dann wichtig, wenn sie den Zusammenhang Unternehmensziel – Abteilung – Aufgaben herstellen, die Corporate Identity verkörpern und last not least die Interessen der Mitarbeiter wahrnehmen und sichern. Das mag für manche Ohren utopisch klingen, ist es aber nicht, wenn Sie mit solchen Chefs zusammenarbeiten oder gar einer sind.

Wir haben also gesehen, daß der PC die Hierarchien der Unternehmen und Informationen abschwächt. Der Informationsaustausch löst die exklusiven Chefgespräche ab.

Wenn sich allerdings Informationen weitläufiger verteilen, ändert sich auch die Art des Zugriffs darauf. Wer schneller zugreift, hat Vorteile gegenüber den anderen. Somit könnte man jemanden, den man besonders fördern will, auch besser informieren.

Freier Informationsaustausch hat viel mit liberaler Demokratie zu tun: Es gestaltet sich schon schwieriger, seine Mitarbeiter in alle relevanten Bereiche einzubinden, statt sie zu bevormunden. Doch es gewährleistet Chancengleichheit. Mitarbeiterführung heißt in diesem Zusammenhang, für alle die gleichen Mindestinformationen zur Verfügung zu stellen. Ansonsten wird aus der Chancengleichheit schnell eine Ungleichheit. Auch und gerade schwächere Mitarbeiter bedürfen des Schutzes durch die Geschäftsführung. Dies sollten wir nie vergessen, wenn wir die liberale Informationsgesellschaft von morgen skizzieren. Wissen ist Macht, war die Losung der aufklärerischen Moderne. Der PC löst diese Maxime ab, weil alle am Informationsfluß teilnehmen können und kein Wissen mehr vorenthalten wird. Wissen ist Gleichberechtigung, heißt die Devise im liberalen Informationswesen von morgen. Insofern bekommen wir eine neue Chance, den Traum von Freiheit und Gleichheit zu verwirklichen. Die industrielle Moderne führte die Menschheit in ideologische Kämpfe und Kriege. Das Informationszeitalter hat die Karten neu gemischt.

Neue Manager braucht das Land

Der PC im Chefzimmer wirft die eingefahrenen Hierarchien über Bord. Im Hintergrund geht es darüber hinaus um einen Wandel der innerorganisatorischen Machtstrukturen und vor allem um die Art und Weise, wie diese Macht gehandhabt wird. Der Vorgesetzte ist es ja nicht mehr nur aus Gottesgnadentum, zumal er im Informationsfluß jetzt auch leichter zu umschiffen ist. Der Mitarbeiter kann das Steuer einfacher in die Hand nehmen, seine Arbeit selbständig gestalten und sich Freiräume schaffen und diese nutzen. Die Vorgesetzten müssen sich deshalb, wie alle anderen auch, Autorität erwerben, indem sie ihre Macht vernünftig einsetzen. Dafür gibt es zwei Möglichkeiten: Entweder man berät sich zusammen mit den Kollegen oder man gibt eine Leitlinie aus, die alle Akteure kennen und mit der sie sich arrangieren können.

Es liegt auf der Hand, daß sich die Rolle von Information und Kommunikation drastisch verändert. Und damit ist nicht nur gemeint, daß der Chef ein Ohr für die Meinungen und Stimmungen im Betrieb hat, sondern auch, daß die Informationen so frei wie möglich fließen können. Schon höre ich die Unkenrufe, daß dem Mißbrauch damit Tür und Tor geöffnet würden, oder es wird das weitverbreitete Vorurteil geäußert, man könne den Mitarbeitern nicht so viel Verantwortung übertragen, weil sie dafür zu dumm wären. Alles faule Ausreden – weil es vielerorten noch überhaupt nicht oder zu wenig ausprobiert wurde.

Nicht nur ich sage: Alle Unternehmen, die mit einer transparenten Kommunikationsstruktur auf eigenverantwortlicher Basis arbeiten, berichten von produktiveren und motivierteren Angestellten. Diese Leuchttürme der Zukunft, wie Apple oder Motorola, müßten täglich einen Tag der offenen Tür veranstalten, damit die anderen beobachten können, welche Arbeitszufriedenheit und Spaß in diesen Firmen herrschen. Ricardo Semler, ein Textilfabrikant, antwortete einmal auf die Frage, ob er seinen Angestellten auch vertraue, mit der lapidaren Erkenntnis, daß Menschen, die in ihrem Privatleben Familien haben, eine Regierung wählen und anderweitig auch Verantwortung übernehmen, während ihrer Arbeitszeit nicht bevormundet werden können.

Der moderne Chef ist ein Captain Kirk im Raumschiff Enterprise. Er ist für den laufenden Betrieb der Informationssysteme verantwortlich. Gibt es irgendwo eine Panne oder eine Störung, muß er dafür sorgen, daß der Fluß der Ereignisse wiederhergestellt wird.

Ein Beispiel: Es ist nach wie vor eine verbreitete Unart, daß ein Mitarbeiter mit dem Vorgesetzten einer anderen Abteilung nur über den Umweg über den eigenen Chef sprechen darf. Dies äußert sich dann so, daß über eine Aktennotiz an den eigenen Chef der Kontakt zum anderen hergestellt wird. Ein effektives System verzichtet auf derlei Hemmschuhe und ermöglicht den schnellen Draht zu allen Akteuren, besser gesagt über den schnellen PC.

Im Zuge einer technischen Revolution kam es immer zu sozialen Auswirkungen, die genauer betrachtet gar nicht so neu sind. Dies gilt natürlich auch für unseren Übergang in die Informationsgesellschaft. Daß wir an dieser Stelle von Informationssystemen sprechen, ist so neu nicht, wie manche Autoren es darstellen. Dennoch passiert im Moment mehr als eine kosmetische Abflachung der Hierarchien oder der Wandel traditioneller Vorgesetztenrollen.

Führung bedeutet heute vielmehr, Ziele festzulegen und diese den sich laufend ändernden Bedingungen anzupassen. Wer heute managt, indem er langfristige Ziele vorgibt, der ist zum Scheitern verurteilt. Kurze Reaktionszeiten auf internationale Veränderungen, Marktverschiebungen oder technische Innovationen zwingen die Unternehmen zur

Veränderung und Flexibilität. Das erfordert spontane und situationsbezogene Entscheidungen, modern ausgedrückt: Chaos-Management. Unsere Gesellschaft wird in ihren Ereignissen und Handlungen immer unübersichtlicher, so daß wir förmlich gezwungen werden, in dieser Ordnung nach dem roten Faden zu suchen – täglich, stündlich und vielleicht sogar schon minütlich.

„Erfolge sind gelöste Probleme", sagt der Motivationstrainer Nikolaus B. Enkelmann. Er hat recht. Tausende von Problemen fließen tagtäglich über die Schreibtische gestreßter Sachbearbeiter. Schnelle Lösungen bedürfen einer perfekten Kommunikation und Informationsverarbeitung. Der PC hilft bei der Orientierung in diesem Chaos. Die Welt der Unternehmen und Verwaltungen ist gehörig in Bewegung geraten. Es bedarf ständiger Anpassungen und Veränderungen, um die Schwankungen auszugleichen. Dies gilt für eine Stadtverwaltung genauso wie für einen High-Tech-Industriebetrieb.

Passiert dies nicht, kommt es zu Unzufriedenheit und Mißmut. Betrachten wir nur einmal die skandalösen Lohnstrukturen unseres Pflegepersonals in Krankenhäusern und anderen sozialen Einrichtungen. Lange genug hat man das Problem verschlafen, bis sich die Betroffenen berechtigterweise massiv zu Wort meldeten. Hätte man rechtzeitig darauf reagiert und die Strukturbedingungen angepaßt, der ganze Pflegenotstand hätte uns nicht mit dieser Härte getroffen. Jetzt müssen alle Bürger die Suppe auslöffeln, die ihnen unflexible Politiker eingebrockt haben.

Es ist daher wichtig, daß wir Informationen und Probleme sichtbar machen. Wir müssen sie miteinander vernetzen, um im voraus schon auf Hindernisse aufmerksam zu werden, die wir sonst erst mittendrin bemerkt hätten.

Deswegen bedeutet Führung heute, diese Ziele festzulegen und sie ständig zu interpretieren, Ziele zu verändern und ihre Konsequenzen transparent machen. Ein besonders sensibler Bereich ist hier die Umwelt. Die Vernetzung weltweiter Datenbanken macht es heute möglich, manche Probleme schon im voraus zu begreifen und gegenzusteuern.

So versucht der schwedische Wissenschaftler Karl-Henrik Robèrt mit seinem „Natural Step Movement" Wissenschaftler, Wirtschaftsfachleute, Lehrer, Umweltschützer, Politiker jedweder Couleur, Künstler und viele andere miteinander zu vernetzen, damit gemeinsam akzeptierte Lösungsstrategien verwirklicht werden können. Dies passiert bereits in vielen europäischen Ländern, und das Netzwerk vergrößert sich ständig. Alle Beteiligten können ihre Sicht der Probleme und Entscheidungsmodelle in einen großen Informationspool einspeisen, aus dem dann die Strategien gewonnen werden. Der Umgang mit Umweltproblemen wird so auf ein systemisches Niveau gehievt, auf dem grundlegende, auf Konsens zielende Entscheidungen getroffen werden können.

Gute Information und Führung sind der halbe Erfolg

Der Manager von heute muß deshalb neue Herausforderungen bestehen, will er nicht im alltäglichen Anforderungsstrudel untergehen. Dies um so mehr, weil der technische Standard die Zukunft der Mitarbeiterführung revolutionieren wird. Lassen Sie es mich an drei Punkten näher erläutern:

1. Das Management sorgt für den reibungslosen Informationsaustausch. Der PC mit seinen Vernetzungsmöglichkeiten und dem Zugriff auf externe Datenbanken bildet die

technische Grundlage, mit der bisherige Probleme und Hindernisse bequem aus dem Weg geräumt werden können. Allerdings hat die Freizügigkeit im Austausch ihre natürlichen Grenzen, will doch jeder Betrieb seine innersten Geheimnisse schützen. Wer gibt schon gerne Innovationen öffentlich kund, die zu einer Schwächung der Marktposition führen würden. Beste Beispiele dafür sind die heute noch geheimnisumwitterten Zutaten von Coca Cola und ihre weltweiten Nachahmungsversuche oder aktuell das neue PowerBook von Apple, mit dem uns ein technologischer Quantensprung gelang. In der Informationspolitik müssen wir hier Grenzen ziehen.

Dieser eher kleine Wissensbereich betrifft aber unsere Forderung nach Transparenz nur am Rande. Alle anderen Bausteine werden auf dem Wissensmarkt frei gehandelt und vertrieben. Technische und hierarchiebezogene Einwände gehören der Vergangenheit an. Ein Vorgesetzter ist noch lange nicht besser, nur weil er über bessere Informationen verfügt. Im Betrieb selbst wird es daher von größter Dringlichkeit sein, die Informationen wie in einem Warenhauskatalog zu strukturieren: Ich unterscheide daher zwischen frei zugänglichen Informationen und blockierten Daten, die nur auf Anfrage zielgerichtet ausgetauscht werden dürfen. Es wäre Augenwischerei, so zu tun, als wäre diese Unterscheidung mit dem PC aufgehoben worden.

Verschwunden sind allerdings die veralteten Barrieren und Zugriffsmöglichkeiten. Wer früher in bestimmte Akten blicken wollte, der mußte Gründe dafür vorweisen oder den Chef überzeugen können. Das waren oft langwierige Prozeduren, zumal der Chef meistens physisch nicht greifbar war. Heute packen wir die Gelegenheit am elektronischen Schopf. Dafür benötigen wir immer weniger Zeit.

Was hier zugegebenermaßen noch etwas vorsichtig formuliert wird – jedes Unternehmen hat hierfür eigene „Grenzziehungsbehörden“ -, wird eine der vornehmsten Aufgaben des Managements von morgen sein. Ob es diese direkt wahrnimmt oder an eigene Informationsminister delegiert, spielt keine Rolle. Nur die Aufgabe muß gelöst werden. Wer in die höhere Logik der Informationsgesellschaft einsteigen will, der muß das Informations-Einmaleins aus dem Effeff beherrschen. Die Ressource Information bedarf ebenso der Pflege wie die Ressource Mensch. Überall dort, wo Arbeit durch Information verbessert wird, wäre es unklug, auf Informationen zu verzichten.

2. Das Management muß informieren und bereit sein, auch „geheime“ Informationen preiszugeben. Alle Mitarbeiter bedürfen der Einsicht in die Unternehmensziele. Glauben Sie nur nicht, dies wäre in deutschen Unternehmen an der Tagesordnung. Nehmen wir nur einmal nicht mehr rentable Betriebe in den neuen Bundesländern – ich will hier bewußt keine Namen nennen –, deren Mitarbeiter erst aus der Zeitung erfahren müssen, welche Geschäftspolitik in Zukunft verwirklicht werden soll. Wenn das Unternehmen seine Zielsetzungen aufgrund öffentlichen Drucks verändert, ohne die Mitarbeiter einzuweihen, haben wir einen klassischen Fall von Geheimniskrämerei, der so manchem Industriezweig den guten Ruf gekostet hat.

Ein Blick in die Papierbranche genügt: Viele Jahre mußte sich die europäische Papierindustrie den Vorwurf gefallen lassen, sie tue nichts für den Umweltschutz und halte nur pflichtschuldig die Vorschriften ein, zu denen man sie zwang. Chlorgas war das Reizwort, das bei allen Beteiligten für einen erhöhten Adrenalinspiegel sorgte. Die

Kritiker stritten um die anfallenden Dioxinmengen im Abwasser, die Industrie hüllte sich in das Mäntelchen des Schweigens. Am Ende war das Vertrauen fast verspielt. Heute legen die größten Papier- und Kartonhersteller Wert darauf, die Öffentlichkeit und die Mitarbeiter Einsicht in betriebsinterne Informationen nehmen zu lassen. Längst werden keine unbequemen Fakten oder Umstände mehr verschleiert. Die Transparenz der Ereignisse ermöglicht einen Fortschritt im Umweltschutz. Auch viele andere Branchen liebäugeln mittlerweile mit den Vorzügen eines freien Informationsflusses nach innen wie nach außen.

Zudem sollte man nicht vergessen, daß Mitarbeiter und Kollegen bei Vorabinformationen schneller und effektiver in das Geschehen eingreifen können,als wenn es schon zu spät ist. Gerne zeigt man in Unternehmen heute Betriebszeitschriften und Rundschreiben vor, um das schlechte Gewissen der zu geringen Information zu beruhigen. Im elektronischen Datenverbund funktioniert Informationspolitik viel besser, weil sich die Unternehmensziele und ihre Veränderungen genauer abbilden lassen. Die Begründungen für Firmenentscheidungen werden dort auf ihre Überzeugungskraft abgeklopft.

Liebe Kollegen im Management, Sie brauchen keine Angst zu haben, daß Sie Ihre Zeit nur noch damit verbringen werden, Informationen richtig weiterzugeben. Im Informationsverbund werden Sie sich verstärkt darüber Gedanken machen, ob Ihre Argumente gut sind und welcher Kreis damit anzusprechen ist. Den Rest erledigt die Technik.

Apple hat auch hier einige Programme vorgelegt, die wegweisend sind: macControl und COSYMA. Ersteres erleichtert den mehrdimensionalen Überblick über das Betriebsgeschehen und paßt sich den eingegebenen Daten schnell an. COSYMA (computerbasiertes System für das Management) ist ein Multitalent, was die Analyse und Abbildung von Geschäftsfeldern, Technologien und Märkten betrifft. Es ist Unternehmensberater und -planer in einer Person, weil es alle unternehmerischen Rahmenbedingungen (etwa Finanzpläne) entwirft und ausarbeitet. Außerdem können zeitlich begrenzte Ziele wirksam organisiert und kontrolliert werden. Das Top-Management kann so jederzeit erfahren, wie das Tagesgeschäft läuft, wie sich einzelne Maßnahmen auswirken. Es braucht nicht erst gerufen zu werden, wenn Rettungs- und Reparaturmaßnahmen unumgänglich sind. Sie gehen ja auch nicht erst zum Zahnarzt, wenn Sie es vor Schmerzen nicht mehr aushalten, oder?

3. Das Management hilft beim Umgang mit Informationen. Das ist leichter gesagt als getan. Es bedarf der Übung, also solide Ausbildung und Fortbildung, konkret: Es bedarf der Schulung, Seminare und Kurse. Die Mitarbeiter werden so für den Informationsalltag gewappnet und bekommen darüber hinaus Programme und Strukturen angeboten, nicht verordnet, mit denen sie ihren eigenen Weg im Unternehmensdickicht finden können. Helfen Sie ihren Angestellten beim Informationsmanagement. Betrachten Sie eine veränderte Informationspolitik als Chance und Herausforderung, nicht als Belastung und Selbstenttarnung nicht vorhandener Kenntnisse. Auch hier wirkt der Effekt der beiderseitigen Gewinnstrategie.

Für den Rest sorgen gute Kommunikation und Führung

Der PC im Betrieb ermöglicht eine bessere Information – alles klar soweit. Daß er auch eine bessere Kommunikation möglich macht, springt einem nicht sofort ins Auge, ist aber ebenso unumstritten. Das zweite folgt aus dem ersten. Will man die Nase vorn behalten, braucht man zuerst eine gute Nase. So banal es klingt, so oft müssen wir uns diese Erkenntnis vor Augen halten.

Bessere Informationen benötigen aber auch einen rationaleren Umgang damit. Wir ertrinken nicht in der Informationsflut, sondern blicken von oben auf die Brandung und denken über das Getöse unten nach. Will sagen: Wir wägen von allen Seiten her ein Problem ab, erörtern, ob wir alles miteinbezogen und nichts vergessen haben, ob wir uns mit Überflüssigem belastet haben. Und neben uns auf der Klippe steht das Team, das wie die griechischen Räte der polis Informationen austauscht und diskutiert. So wird man zwangsläufig über das eigene Tun nachdenken. Kann man das eine oder andere nicht besser machen? Kreativität, um das Beste zu erreichen, wird frei und fließt ungehindert in den Entscheidungsprozeß.

Vor diesem Hintergrund wird noch einmal die neue Rolle des Chefs deutlich. Einige Tips ohne erhobenen Zeigefinger:

– Fördern Sie die Kreativität Ihrer Mitarbeiter; stehen Sie zur Kommunikation jederzeit bereit, damit es nicht heißt: Mitarbeiter fragen, kein Chef antwortet. Nur hier erfährt man von den kreativen Vorschlägen „im Busch“, von Ideen der Kunden und Zulieferer und von Gesprächen in der Öffentlichkeit.

– Verabschieden Sie sich davon, alles besser wissen zu wollen. Sie brauchen nicht zu konkurrieren, wenn Sie alle ihre Kreativität in den Dienst der Sache stellen. Fördern, motivieren und mobilisieren Sie die verborgenen Talente im Betrieb. Sie brauchen deshalb nicht die Allgegenwart des lieben Gottes, sondern einen funktionsfähigen PC, der ihnen den Zugang erleichtert. Der PC ist „manager's little helper". Und um im Englischen zu bleiben: „Power to the people" lautete eine der Losungen der antiautoritären Bewegung in den 60er und 70er Jahren. Vielleicht ist sie morgen schon Wirklichkeit. Glasnost im Management wird zum Prinzip des 21. Jahrhunderts werden.

Kapitel 9
Die Geschichte von Dr. Feelgood (aus dem Jahre 2010)

Es wird einmal ein Mann sein, der sich im Jahre 2010 irgendwo in Europa in seinem Multi-Media-Stuhl genüßlich zurücklehnen und ein kleines Nickerchen halten wird. Gerade eingeschlafen, werden Bilder vor seinem geistigen Auge entstehen, die sich in Wirklichkeit vor etlichen Jahren ereigneten. Die Welt war damals ein einziger Krisenherd. In Jugoslawien tobte der Nationalitätenkonflikt, ein verrückter Diktator in der Golfregion meinte, die Welt aushebeln zu können, in Afrika herrschte eine fürchterliche Hungersnot, das Ozonloch über der Antarktis wuchs besorgniserregend und, und, und. Immer neue Traumblasen werden aus seinem Unbewußten auftauchen, Schreckensszenarien aller Couleur zeichnend.

Der Mann heißt Dr. Feelgood und war um 1992 herum ein aufstrebender Klimaforscher an einem deutschen Institut, das nach dem Nobelpreisträger Max Planck benannt war. Es war die gute, alte Goldgräberzeit in den Naturwissenschaften. Die Meteorologie steckte noch in den Kinderschuhen, eine Wettervorhersage über zwei Tage hinaus war reine Glückssache, genauso wie dieses Lottospiel, bei dem allwöchentlich sechs beliebige Zahlen aus 49 gezogen wurden und das den Menschen Millionengewinne versprach. Ja, die gute alte Zeit. Ach ja, beinahe hätten wir es vergessen. Apple, jedes Kind kennt es heute, brachte Ende 1991 einen PowerBook-Computer auf den Markt, der kleiner als ein Blatt Papier war und knapp über zwei Kilogramm wog. Was war das für ein Medienrummel, glaubte doch nun jeder ein Gerät in Händen zu halten, das als Werkzeug der Kommunikationszukunft galt.

Doch zurück zur Klimaforschung. Lassen wir unsere Hauptperson kurz selbst sprechen: „Ich darf mich vorstellen. Ich heiße Dr. Feelgood, und es ist bereits angeklungen, wie schwierig es damals war, vorauszusagen, ob es morgen regnet oder ob die Sonne scheint. Mein Schwerpunkt waren damals die Auswirkungen des Abbaus der Regenwälder auf das globale Klima. Wir benutzten Begriffe wie ‚Treibhauseffekt' oder ‚global warming' und versuchten der Bevölkerung klarzumachen, daß das Ende der Welt bevorstand. Obwohl wir gar nicht genau wußten, welche langfristigen Auswirkungen diese Phänomene beinhalteten, waren wir uns unserer Sache überaus sicher. Schließlich stiegen ja die Ozonwerte am Boden an – wir nannten es schlechtes Ozon – und es sanken jene in der Atmosphäre – es wurde als gutes Ozon bezeichnet."

Dr. Feelgood erwacht soeben, auf der Nase von einer Stubenfliege gekitzelt, aus seinen Alpträumen. Zufrieden stellt er die gedankliche Verbindung zur Jetztzeit, zum Jahr 2010 her. Heute liest man in den Gazetten von ihm als dem „großen alten Mann der Klimaforschung". Seine wissenschaftliche Karriere verlief tatsächlich atemberaubend. Noch in den 90er Jahren gelang es ihm, mit weitreichenden Computersimulationen das höchst komplexe Wirkungsgefüge der globalen Klimaerwärmung zu entlarven. Er wurde zum Star der Wissenschaftskongresse und schließlich Nobelpreisträger. Seine Forschungen gingen um die Welt und waren, Feelgood würde sagen, in bescheidenem Maße, daran beteiligt, daß die Politiker endlich etwas gegen die drohende Klimakatastrophe unternahmen. Selbst die Automobilindustrie kapierte damals, daß es wenige Sekunden vor Zwölf war. Fast über Nacht wurden neue, umweltfreundliche Antriebsmotoren für Automobile aus dem Zylinder gezaubert, so als wäre dies eine der leichtesten Übungen. Heute sind die damals gebräuchlichen Benzinautos in einschlägigen Museen zu betrachten, sozusagen Relikte aus grauer Vorzeit.

Dr. Feelgood blickt plötzlich auf die Uhr und schreckt, für ihn ungewohnt, jählings hoch. Die Vorlesung heute um 17 Uhr für die Doktoranden an der Universität. Jetzt war es 14 Uhr, und er hatte noch nichts vorbereitet. Doch sofort kehrt wieder die Ruhe und Souveränität ein, um die ihn viele seiner Kollegen beneiden. Für einen kurzen Moment wähnt er sich noch im Jahr 1992. Damals wäre eine solche Situation nicht mehr zu retten gewesen. Doch die Erde und das Jahr 2010 haben ihn nach seinen träumerischen Ausflügen wieder fest im Griff. Was verleiht ihm nur diese Sicherheit?

Dr. Feelgood schlendert in sein Arbeitszimmer und öffnet sein PowerBook. Auf dem Bildschirm erscheint Jeff, sein Computersekretär, der ihn wie jeden Tag förmlich begrüßt:

„Guten Tag, Dr. Feelgood. Wie geht es Ihnen?"

„Danke, sehr gut. Jeff, wir sind in einer brenzligen Lage."

„Ihre Vorlesung um 17 Uhr. Sie haben wieder einmal nichts vorbereitet", antwortet Jeff wohlwissend. „Aber bevor wir damit anfangen, lassen Sie mich Ihnen noch kurz sagen, was sich heute schon ereignet hat."

„Schieß los", erwidert Dr. Feelgood erwartungsvoll.

„Ihre Frau hat um 13.10 Uhr angerufen. Sie wollte Sie daran erinnern, die Blumen für das Dinner heute abend nicht zu vergessen. Außerdem wollte Sie wissen, ob sie sich in der Stadt treffen oder ob Sie nochmals nach Hause fahren."

„Ja, Jeff. Ruf bitte später meine Frau an und sage ihr, daß ich die Blumen nicht vergessen werde und daß wir uns um 19.15 Uhr bei Hairy's treffen." Ein gewisser mürrischer Unterton in seinen Worten ist unverkennbar. Er haßt es, wenn ihn seine Frau an solche Banalitäten erinnert.

„Doch, nun, Jeff. Kommen wir zur Sache."

„Nein, Doktor. Noch eins: John Wilson von der ‚Meteorological Review' hat um 13.25 Uhr angerufen und wegen eines Interviews bezüglich ihrer ‚Schwarzen Wüstenloch-Theorie' angefragt. Ich habe ihm gesagt, daß Sie die nächsten Tage anrufen werden und in ihrem Personal Planer nächsten Mittwoch, 16 Uhr vorgemerkt."

„Gut, Jeff. Doch jetzt zu meiner Vorlesung. Ich habe da kürzlich einen Aufsatz meiner Kollegin Patricia Summer gelesen. Irgendwo im ‚Standard Chronicle' oder war es innerhalb der Klimadokumentation in der Süddeutschen Zeitung? Bitte, hole mir diesen Artikel einmal her."

„Ok", meldet Jeff zurück, und bereits nach einigen Sekunden tauchen die Textblöcke des gesuchten Artikels auf. „Er ist vom 22. Mai 2010 und auf Seite 67 der Süddeutschen Zeitung in München erschienen."

Dr. Feelgood liest sich den Beitrag aufmerksam durch. Etwas zögernd, meint er dann: „Jeff, ruf bitte Patricia an und frage sie, ob ich sie sofort sprechen darf."

Nach einigen Sekunden taucht Jeff, der kurzzeitig vom Bildschirm verschwunden war, wieder auf und meldet: „Patricia Summer ist in einer Besprechung. Sie kann Sie aber in wenigen Minuten zurückrufen."

„Ok, Jeff. Zeig mir doch bitte einstweilen die Simulationsgrafiken der Wüstenzunahme in Südamerika, die wir vor kurzem im Auftrag der brasilianischen Regierung erstellt haben."

„Aha, hab ich's mir doch gedacht. Die Zunahme beträgt mittlerweile fast ein Prozent pro Jahrhundert. Aber wir haben keine Korrelationen zum staatlich überwachten Abbau des Regenwaldes. Schau bitte nochmals nach. Ach, ja. Von Brasilien haben wir die Daten, aber nicht von ganz Südamerika."

„Dr. Feelgood, Patricia Summer ist auf Leitung", unterbricht Jeff plötzlich und schaltet das Konterfei der Wissenschaftlerin auf den Bildschirm.

„Hallo, Patricia. Wie geht es Ihnen? Seit dem letzten Kongreß in Hamburg haben wir uns nicht mehr gesehen."

„Hallo, Dr. Feelgood. Was gibt es? Wenn eine solche Berühmtheit bei mir anruft, dann brauchen Sie doch etwas von mir."

„Sie haben mich durchschaut, Patricia. Ich muß einmal wieder auf den letzten Drücker meine Vorlesung heute vorbereiten. Und da ist mir eingefallen, daß Sie doch Daten über die Wüstenzunahme in Südamerika haben. Oder täusche ich mich?"

„Nein. Ich spiele sie Ihnen gleich einmal hinüber."

Schon erscheinen einige Grafiken auf dem Bildschirm von Feelgood, bei deren Anblick er ins Staunen gerät.

„Patricia, ich wußte ja gar nicht, daß Sie so präzise Informationen haben. Darf ich mir die Grafiken bei mir hineinkopieren?"

„Selbstverständlich, Doktor. Nur Sie könnten mir dafür, sozusagen im Gegengeschäft, Ihre Hochrechnungen bezüglich des limitierten Abbaus des Regenwaldes bei gleichzeitiger Wiederaufforstung geben."

„Aber selbstverständlich, liebe Kollegin. Warten Sie nur einen Moment. Ich spiele Ihnen sogar die mittlerweile mit Ihren Daten vernetzten Grafiken von mir rüber."

„Vielen Dank, Doktor. Dafür haben Sie etwas gut. Vielleicht können wir ja einmal essen gehen, und Sie erlauben mir, daß ich Sie dann einlade."

„Das wäre sehr schön. Vielen Dank, Patricia und auf Wiedersehen."

„Auf Wiedersehen, Dr. Feelgood."

Während Feelgood sich gedanklich noch mit der attraktiven Patricia Summer beschäftigt, meldet sich Jeff wieder zu Wort.

„Dr. Feelgood, Ihre Frau hat schon wieder angerufen und bittet um Rückruf."

„Verdammt nochmal, Jeff. Rufen Sie zurück und teilen Sie ihr mit, daß alles klar ist. Übrigens habe ich das Thema meiner Vorlesung jetzt fertig: Der staatlich limitierte

Abbau des Regenwaldes und seine aktuellen Auswirkungen auf das Klima in Südamerika. Falls jemand anruft, Jeff, Sie wissen Bescheid."

„Alles klar, Doktor. Und viel Spaß bei Ihrer Vorlesung."

Feelgood schließt den Deckel seines PowerBooks, geht aus seinem Arbeitszimmer und nimmt noch einmal Platz auf seinem Multi-Media-Stuhl, dort, wo ihn seine Tagträume in fremde Welten führen. Jeff nimmt inzwischen Anrufe entgegen, koordiniert den Terminkalender, archiviert eingehende Informationen fremder Datenbanken und leert den PC-Briefkasten nach eingehenden Anfragen und Botschaften. Dr. Feelgood ist wieder eingeschlafen. Die Blumen und seine Frau sind längst vergessen. Sein PowerBook läßt ihn ruhig schlafen.

Anmerkung: Wenn Sie glauben, diese Geschichte wäre nur blauäugige Science-Fiction, dann täuschen Sie sich gewaltig. Vieles davon ist heute bereits technologisch möglich. In zehn bis fünfzehn Jahren wird dies so selbstverständlich sein, daß man eine solche Geschichte, die man heute noch mit Erstaunen liest, gar nicht mehr zu erzählen braucht. Bildschirmtelefon, PC-Kommunikation und PC-Sekretär werden unser gesamtes Medienverhalten von Grund auf verändern.

Informationen, deren Vermittlung heute noch viel Abfall und Energieverschwendung erzeugt, werden dann sauber, schnell und umweltfreundlich zu den einzelnen Empfängern transportiert. Die Altpapierberge, deren Gesamtvolumen den Alpengipfeln heute mühelos Konkurrenz machen könnte, werden abgetragen zu kleinen Recycling-Hügeln. Die Wälder in Schweden und Kanada werden es uns danken. Der noch aufwendige Transportverkehr durch

Post und Bahn wird ebenfalls drastisch vermindert. Zählt man hierzulande nur einmal die gigantische Menge an täglich verschickten Rechnungen zusammen, die bequem über PC-Kommunikation abgewickelt werden könnten, so ergeben sich Energieeinsparungen von unerhörtem Ausmaß. Dies sollten alle Kritiker der Informationsgesellschaft im Blickfeld haben.

III.

PC-Visionen zum Leben

Kapitel 10
Wer wagt, gewinnt!

Ende der 70er Jahre gab Apple für seine Personal Computer folgende Losung aus:

„By putting powerful technology that was once available only to the few in the hands of as many people as possible, we can transform the way people think, work, learn and communicate."

Auf den ersten Blick ist das ein utopischer, vielleicht zu hoher Anspruch. Ich erinnere mich in diesem Zusammenhang an George Orwells Roman „1984", der just zu dem im Titel festgesetzten Zeitpunkt eine nochmalig riesige Nachfrage erlebte und vor allem eine Welle von Essays und Aufsätzen auslöste, die sich damit beschäftigten, inwieweit Orwells Visionen aus dem Jahre 1948 in Erfüllung gegangen waren. Kernpunkt war dabei die Diskussion um den Überwachungsstaat, wie er in dem Buch so gräßlich skizziert wird. „1984" ist jedoch in seiner Darstellung der eigentlich negative Kontrapunkt zu den PC-Utopien, wie ich sie beschreibe.

Dort ein zentral gelenkter, jede abweichende Meinung ausgrenzender Informationsapparat, der den einzelnen bis in seine persönlichsten Bereiche nachstellt und ihn zum Stiefellecker des Systems degradiert, entwürdigend und grausam. Der PC dagegen fördert die multidimensionale Informationswelt, in der sich der einzelne autonom und freizügig bewegen kann – ein Schritt zu mehr Demokratie und Autonomie.

Blicken wir einmal genauer auf die obige Apple-Formel. Jedem Menschen seinen eigenen Computer zu geben, bedeutet zuallererst mehr Unabhängigkeit und Autonomie. Zusätzlich wird dabei das Ziel angestrebt, neben der Welt der Großrechner eine eigene zu installieren. In jener konnte man sich früher ja nur bewegen, wenn man zugelassen war, die Systembedingungen kannte und die Systemsprache beherrschte. Das war die Welt der Großorganisationen, der In-Groups und Fachmänner. Sie thronten in beherrschender Stellung über den Mitmenschen, weil es zu wenige gab, die das System verstanden und seine Verwendungsmöglichkeiten überblicken konnten.

Der PC öffnete die verrammelten Türen. Die Computergötter wurden von ihren Sockeln gestürzt. Dafür mußte der PC aber zwei große Anforderungen erfüllen. Er mußte

- einen beträchtlichen Teil der Leistungsfähigkeit größerer Systeme erwerben;

- seine Benutzerfreundlichkeit immens verbessern.

Ziel 1: Leistungsfähigkeit

Die Großrechner sind, wie ihr Name schon ausdrückt, auf extreme Bedingungen ausgelegt, so zu Berechnungen in der Raumfahrt oder in der Verwaltung Hunderttausender Konten bei großen Versicherungen. Es hieße mit Kanonen auf Spatzen schießen, wollte man diese Anlagen ohne weiteres zur Bewältigung des Alltags heranziehen. Im Alltag will man vielmehr mit den Daten und Zahlen operieren können. Man benötigt deshalb keinen Zugriff auf größere Rechner, sondern Speicherplatz und eine erleichterte und verbesserte Kommunikation. Beides ist mittlerweile technisch gelungen.

Die Leistungsfähigkeit der PCs ist heute enorm und kann durch den Anschluß an größere Rechner und Datenbanken ins Extreme erweitert werden. Die damit entstandenen Verwendungsmöglichkeiten habe ich Ihnen bereits ausführlich dargelegt.

Ganz besonders will ich nochmals auf die Kommunikation von PC zu PC hinweisen. Das Ende der Entwicklung ist aber längst noch nicht erreicht. Die PC-Produzenten treiben sich daher gegenseitig zu immer neuen Höchstleistungen an. Preisverfall und Unternehmensauslese sind die eine Seite der Medaille, Leistungsfähigkeit und Speicherkapazitäten die andere. Hier bestimmt nicht der Markt die Entwicklung. Die PC-Entwicklung vollzieht sich in so luftiger Höhe, daß die Nutzer auf dem Boden der Erde diese nur selten vorausdenken und damit die Nachfrage bestimmen können.

Ziel 2: Benutzerfreundlichkeit

Wenn ein Computerunternehmen ausschließlich für seine Fangemeinde und die vielen Tüftler und Bastler produziert, mag es zwar in Expertenkreisen einen wohlklingenden Namen vorweisen können, kann aber keine universelle Bedeutung erlangen. Bei Apple denkt man an ein disperses Publikum, das möglichst zwei Fliegen mit einer Klappe schlagen will: Es will rasch mit dem PC umgehen können und sein Arbeiten, Lernen und Kommunizieren mit Hilfe des Geräts verändern und verbessern.

Um es in einem Wort zu sagen, der PC sollte kinderleicht zu benutzen sein. Genau deswegen werden alle unsere Modelle vor der Markteinführung in amerikanischen Schulen getestet. Wenn die Kinder es verstehen, dann besitzen wir ein Indiz für die Tauglichkeit. So wie Kinder eine fremde Sprache besser lernen, ohne die grammatischen Felsriffe umschiffen zu müssen, so lernen sie auch den Umgang mit dem kleinen Computer, ohne sich mit seiner Logik und dem spezifischen Befehlssystem auseinandersetzen zu müssen.

Benutzerfreundlichkeit hat viel mit Demokratie zu tun, weil der PC allen zugänglich sein soll. Blicken wir nochmals auf die Apple-Vision, die am Anfang dieses Kapitels zitiert wurde: Denken, Arbeiten, Lernen und Kommunizieren sollen erleichtert werden. Dazu müssen erst einmal alle Barrieren fallen, die einem in der Bedienungsanleitung den Weg versperren. Es geht doch darum, den konkreten Nutzen in den Vordergrund zu stellen. Man will nicht im weitverzweigten Befehlslabyrinth untergehen, sondern wie einst Archimedes darüberstehen. Die Befehle selbst sollen einfach sein, damit man sich auf die optimale Nutzung des Geräts konzentrieren kann.

Der Macintosh ist erwiesenermaßen leichter zu bedienen als manches Videogerät. Dahinter steckt mehr, als nur ein kompliziertes Gerät mit zahlreichen Funktionen und Anwendungsmöglichkeiten zu entwickeln. Viele Gerätehersteller klopfen sich leider auf die eigene Schulter, wenn sie die Durchsichtigkeit der Bedienung zugunsten einer technischen Meisterdenkerleistung geopfert haben.

Ich erzähle Ihnen ein kleines Beispiel: Ein 33jähriger Vertriebsleiter in einem kleineren Industrieunternehmen, der bis dato über keinerlei PC-Kenntnisse verfügt hatte, entschloß sich unlängst, seinen Büroalltag mit Hilfe eines PCs zu strukturieren. Er kaufte sich ein günstiges Gerät, schleppte es in sein Büro, ließ sich alles fachgerecht anschließen und wollte zu arbeiten beginnen. Er schlug also das handliche „digital diary" mit einer 200seitigen Bedienungsanleitung auf, schaltete das Gerät ein und fragte die Uhrzeit nach. Sofort erschien auf dem Bildschirm die aktuelle Zeit in Washington, verbunden mit einem weit zurückliegenden Datum. Man mußte also einiges verändern. Die dazugehörigen Befehle erstreckten sich über mehrere Seiten im Handbuch. Er benötigte dazu fast 40 Minuten. Wir führten daraufhin einen Test durch, und ich bat einige Bekannte, die im Gerät angezeigte Uhrzeit auf hiesige Verhältnisse umzustellen. Einigen gelang das überhaupt nicht, andere benötigten ebenfalls bis zu einer Dreiviertelstunde, um das Problem zu lösen. Nur einige wenige hatten den Bogen sofort raus.

Bei einem guten PC handelt es sich hier um einen Vorgang, der über den Bildschirm in wenigen Sekunden gelöst wird – auch für völlig ungeübte Nutzer. Das Geheimnis liegt ja letztlich im Dialog zwischen Nutzer und Gerät. Unsere Geräte verzichten zwar auch nicht ganz auf eine Bedienungsanleitung, aber in der Regel kommt man mit den Hinweisen aus, die das Gerät auf dem Bildschirm erteilt. Man braucht sich deshalb nicht erst durch 200 Seiten Fachsprache zu wühlen, bevor man mit zittrigen Fingern seinen ersten Geschäftsbrief schreibt.

Benutzerfreundlichkeit bedeutet deswegen, das Gerät aus der Sicht des Benutzers zu konzipieren und weiterzuentwickeln. Alle Fallstricke, die einen stolpern lassen könnten, müssen vorher aus dem Weg geräumt werden. Eine dieser Barrieren ist die Sprache. Computerproduzenten sollten nämlich wissen, daß nicht alle Deutschen des Englischen perfekt mächtig sind. Es grenzt schon an Hochmut, mit welcher Arroganz manche Hersteller ihre PC-Käufer behandeln, wenn sie diese mit der englischen Fachterminologie förmlich erschlagen. Die Kurse, in denen Neulinge lernen müssen, wie man beispielsweise einen Tabulator setzt, kosten mittlerweile fast soviel wie die dazugehörige Software. Einfache, überall verständliche Symbole machen diese zeit- und geldverschwendenden Maßnahmen überflüssig.

Wir haben damit gesehen, daß leistungsfähige und bedienerfreundliche PCs die zukunftsträchtigste Entwicklungslinie sind. Nur diese „Easy-to-use"-Produkte werden das Rennen machen.

Familienfehden

Auch unter guten Nachbarn kommt es gelegentlich zu heftigen Streitereien. Man lebt sich auseinander, spricht kein Wort mehr miteinander und lauert beharrlich auf Möglichkeiten, dem Nachbarn eins auszuwischen. So oder ähnlich geht es beim Technologiewettlauf um die besten Computerprogramme zu. Es ist Apple immer wieder angekreidet worden, auch eine eigene Programmwelt aufgebaut und damit die für den Nutzer so leicht überschaubare Einheitlichkeit verhindert zu haben. Aber auch hier will ich zur Erklärung die Vision heranziehen, mit der wir unser Denken und Tun untermauern.

Der PC selbst ist nicht mehr als ein Gerät mit bestimmten technischen Fertigkeiten. Arbeiten kann man damit nur, wenn man es mit einem Betriebssystem ausstattet. Es ist sozusagen die „Seele" des Geräts, ohne die es keinen Muckser von sich geben würde. Mit ihm wird den Programmen erst der lebensspendende Atem eingehaucht. Wir haben also drei Bereiche, die einen funktionierenden Computer ausmachen und um die sich alles dreht: das Gerät, das Betriebssystem und die Programme. Für alle drei gelten eigene Entwicklungs- und Herstellungsbedingungen. Jeder Hersteller backt seinen eigenen Kuchen nach seiner ureigensten Rezeptur.

Die Zahl der Gerätehersteller ist riesengroß. Die Tendenz geht aber dahin, daß die europäischen Computerhersteller immer stärker von ihrer asiatischen und amerikanischen Konkurrenz aus den angestammten Heimmärkten vertrieben werden. Billigimporte aus Korea oder Taiwan versauern das süße Leben der hohen Gewinne und Profite. Aufgrund der schlechten Marktsituation können die europäischen Hersteller oft nicht mehr genug in ihre Produktentwicklung stecken. Die Technologieschere klappt zugunsten der nichteuropäischen Hersteller auf. Schon spricht der Planungschef im Auswärtigen Amt, Konrad Seitz*, von einer „japanisch-amerikanischen Herausforderung", der es vehement zu begegnen gilt, wollen die europäischen Hochtechnologie-Industrien überleben.

Die Zahl der Betriebssysteme ist dagegen klein und überschaubar. Die meisten Hersteller kaufen das verbreitetste System und entwickeln es mit ihrem eigenen Know-how weiter. Das bringt für Hersteller und Käufer den Vorteil, daß die Geräte via Betriebssystem kompatibel sind.

Die Produktion der Programme ist mittlerweile völlig undurchsichtig geworden. Der Markt ist durch die hohen Ansprüche der Benutzer nach wie vor sehr stark expansiv.

---

* Konrad Seitz: Die japanisch-amerikanische Herausforderung. Deutschlands Hoch technologie-Industrien kämpfen ums Überleben, München 1990

Leider gibt es aber heute fast mehr Plagiate und Imitate als Originalideen. Programmideen sind zwar leicht zu verwirklichen, aber nur wenige Anbieter betreiben eine kostenaufwendige Forschung. Der große Rest lebt als Nachahmer und Restmüllverwerter auch ganz gut. Es kommt im wesentlichen nur noch auf die Qualität von Vertrieb und Marketing an. Zusätzlich wird der Durchblick dadurch verhindert, daß die Programme leicht zu kopieren sind. Dieser Mißbrauch führt zu einem Grau- und Schwarzmarkt, in dem Orientierung zu finden einer Amazonasfahrt ohne Landkarte gleicht.

Apple hat im Gegensatz zu anderen Firmen von vornherein auf ein eigenes Betriebssystem gesetzt. Dies brachte natürlich die Notwendigkeit mit sich, auch in der Anwendersoftware eine außergewöhnliche Qualität anbieten zu können. Der Vorteil: Alle Programme von Apple sind in der Grundstruktur ähnlich und aufeinander bezogen. Wenn man will, kann man sich exklusiv in dieser Welt bewegen, ohne sich in den Sackgassen konkurrierender Systeme zu verirren. Unsere Geräte und deren Anwender sind durch diese Exklusivität in ihrer Autonomie geschützt. Autonomie versus Kompatibilität heißt in Kurzform ein Dauerbrenner in der PC-Branche.

Gegenüber stehen sich die große MS-DOS-Welt und die kleinere Apple-Familie. Einerseits wollte Microsoft alle Hersteller und Nutzer auf die DOS-Pfade drängen, den Traum vom universellen Betriebssystem bis heute nachhängend. Auf der anderen Seite stehen die Eigenbrötler und hartnäckigen Individualisten von Apple, die sich einen eigenen Weg durch das Technologiedickicht schlagen. Sie beharren auf ihrem Betriebssystem, um es ungehindert weiterzuentwickeln und um nicht in ihrer Autonomie begrenzt zu werden.

Dieser Konflikt brachte dem Käufer bislang den Nachteil ein, sich bei der Anschaffung eines PCs für eine Produktfamilie und eine Systemwelt entscheiden zu müssen. Doch die Zeiten ändern sich. Auch andere Hersteller weichen mittlerweile auf ein eigenes Betriebssystem aus, schon allein, um ihre firmeneigene Forschung und Entwicklung zu fördern.

Man könnte in Anlehnung an die Anfänge der Cinematographie fast behaupten: Die PCs lernen das Laufen. Es ist auch längst Zeit geworden, daß die flüggen Kinder ihr Nest verlassen und nicht mehr von der übergroßen Mutter genährt werden müssen. Aus Wettbewerbsgründen ist diese neue Vielfalt zu begrüßen.

Die Zeit ist reif, nicht mehr in Kleinkriegen aufeinander einzuhacken, sondern die Diversifizierung der Betriebssysteme voranzutreiben und eine universelle Kommunikation zwischen den PC-Familien zu ermöglichen. Denn: Nicht das Betriebssystem ist der Friedensstifter in der Computerwelt, sondern die Kommunikation.

So wie es Familien, Firmen, Volksstämme, Völker und Nationen gibt, die eine eigene Identität haben, so wird es immer eigenständige Betriebssysteme geben. Denn Kommunikation ist keine notgedrungen gleichgeschaltete, sondern eine natürliche und freiwillige Kompatibilität aus Einsicht, Überzeugung und Wettbewerbsfreude.

Etwas einfacher und übertragen auf politische Bedingungen ausgedrückt: Die Europäische Gemeinschaft wird nur in der Vielfalt der Regionen ihre Identität bewahren können. Alles andere, ob zentral gelenkte Politik oder überzogener Nationalismus, wird scheitern müssen, will man ein gemeinsames Europa aufbauen.

Legen wir also den Streit um die Kompatibilität getrost zu den Akten und wenden uns dafür einem Ziel zu, für das es sich einzusetzen lohnt: ein Höchstmaß an inhaltlicher Autonomie und Bedienungskomfort zu erreichen. Wie es genau weitergehen wird, können Sie in Kapitel 12 eingehender nachlesen. Für den Moment genügt es, darauf hinzuweisen, die Eigen- und Selbständigkeit des Nutzers wie des Gerätes so umfassend wie möglich zu fördern. Er soll so viel wie möglich selbst beherrschen und den Rest aus den vernetzten Kanälen holen. Selbst- und Fremdhilfe greifen hier Hand in Hand, zum Zwecke der optimalen Nutzung des Geräts. Daneben muß der PC in einer leicht transportierbaren Form angeboten werden. Es nützt keinem, seinen PC-Park in der Manier übergroßer HIFI- und Videotürme zu installieren. Mobil sein, heißt auch, tragbare PCs mit geringem Gewicht, aber gleicher Leistung zu benutzen. Als Informationsgeber und -nutzer will ich schließlich nicht nur in warmen Schreibtischstuben kommunizieren, sondern von überall aus meine Signale in die Welt aussenden können.

Autonomie bedeutet in diesem Sinne den Versuch, dem Nutzer ein Gerät zur Verfügung zu stellen, mit dem er den großen Duft von Unabhängigkeit atmet. Alle Voraussetzungen hierfür in einem Gerät vorzufinden ist ein großes Ziel der PC-Industrie. Eine Vorreiterrolle dafür hat Apple übernommen. Sie erklärt sich aus der Geschichte dieser Firma. Wir haben unsere PCs immer ohne Rücksicht auf die anderen entwickelt. Sicher gehört der Blick auf die Konkurrenz zum Geschäft. Wir kreieren aber unsere eigenen Qualitätsansprüche und ziehen nicht know-how-klauend und -imitierend durch die Lande. Die Verwirklichung von Ideen ist „the power to be your best“ – unser Firmenmotto.

Visionen sind zum Leben da

Jeder Managementberater erklärt einem heute, daß Visionen und Ziele genauso zum unternehmerischen Alltag gehören wie der obligate Zweireiher in der Geschäftsleitung. Jede Organisation braucht Ziele, um zu überleben und den inneren Zusammenhalt zu gewährleisten. Diese sinnstiftende Instanz verleiht einem Halt und Orientierung, wenn das Schiff in turbulente und unübersichtliche Gewässer schippert.

Ziele zeigen den Mitarbeitern den Kurs an und definieren die eigenen Koordinaten im Vergleich mit der Konkurrenz. Erfolgreiche Geschäftsführung, wir haben es bereits gesehen, äußert sich in der ständigen Formulierung von Zielen und der Anpassung in einer sich ständig wandelnden Gesellschaft. Dies geschieht im Geiste der Kooperation, um die Aufgaben gemeinsam zu erledigen.

Bei großen Konzernen und Organisationen vermehren sich die Ziele, und es kommt zu Zielkonflikten. Jetzt ist der Manager oder Geschäftsführer gefragt, die Vision in die Tat umzusetzen.

In Deutschland mögen solche Worte weitgehend noch als Kathedergeschwätz abgetan werden, weil man es nicht gewohnt ist, Ziele zu formulieren. In den USA oder Japan hat man dieses Prinzip längst verinnerlicht. Apple spricht seine Vision klar und deutlich aus, nicht weil wir der Branche vorbeten wollen, wo es langgeht, sondern weil sie der geistige Hintergrund unseres Schaffens ist, ob in Forschung und Entwicklung, im Marketing und Vertrieb. Sie soll öffentlich diskutiert werden, ihre Schwachstellen entlarvt und verbessert werden. Unsere Produkte und auch Verkaufserfolge sollen daran gemessen werden.

Steve Jobs, mit dem die Firmengeschichte von Apple ihren Lauf nahm, steht bis heute in dem Ruf, seine Visionen geradezu wie ein Prophet in die Welt zu tragen. Er konnte sich in den USA der Aufmerksamkeit sicher sein, wollten doch alle von ihm wissen, ob ein guter Manager auch ein Visionär sein muß. In Deutschland spielen sich derlei Debatten dagegen gar nicht erst ab. Wer gibt schon gerne seine Leitlinien preis, muß er sich doch dann oft den Vorwurf gefallen lassen, nur von der kapitalistischen Profitgier ablenken zu wollen. Erst in den letzten Jahren haben sich einige Manager in exponierter Stellung darum bemüht, das geistige Leadership durch den Wolf der Medien drehen zu lassen.

Die Apple-Vision gilt auch für Deutschland. Der Personal Computer gehört in jedermanns Hände. Schon höre ich, wir seien großspurig und etwas übergeschnappt. Zwar strebt auch hierzulande jeder nach Erfolg, doch öffentlich aussprechen wollen das nur die wenigsten. In diesem Land zählen Fleiß und der geniale Einfall mehr statt Visionen.

John Sculley hat einmal über seinen Partner Steve Jobs etwas gesagt, das mehr aussagt als die ersten fünf Finanzquartalsberichte nach der Apple-Gründung zusammengenommen: „Es war die beinahe unglaubliche Geschichte eines Volkshelden, dessen Traum immer darin bestanden hatte, dem einzelnen Individuum zu derselben Macht zu verhelfen, über die bisher nur Großunternehmen und Institutionen verfügt hatten. Diesen Traum hatte er Wirklichkeit werden lassen, indem er den Computer ‚personalisierte‘, der früher eine kaum greifbare, fast unheimliche Abstraktion gewesen war. Er gab ihm menschliche Dimensionen, so daß er auf jedermanns Schreibtisch aufgestellt werden konnte.“

Das ist natürlich aus einer überschwenglichen Euphorie heraus gesagt worden. Nur weil man über bessere Informationen verfügt, hat man nicht gleich die Macht übernommen. Unzweifelhaft bleibt allerdings, daß man neue Zugänge und Eintrittsmöglichkeiten schafft.

Die Vision geht darüber hinaus: Immer größere Informationszugänge bauen machtbedingte Unterschiede ab, vergrößern die Chancengleichheit und geben jedem Menschen die Chance, seine Fähigkeiten und Kenntnisse zu verbessern.

Solche Ideen bringen Menschen zusammen, die kreativ sein wollen und können. Und sie müssen es sein, wollen sie im Lärm und Getöse neuer Entwicklungen und Umbrüche ruhig Blut bewahren. Ich sage es deutlich: Wer mithalten will, muß dazu beitragen, daß seine Mitarbeiter mithalten und sich entfalten können. Der PC zielt darauf ab. Der Mitarbeiter soll unbelastet von komplizierten Bedienungsproblemen seine Gedanken und Handlungen bündeln und weitergeben können. Das bedarf einer ungehinderten Informationsaufnahme. Arbeitsvorgänge ausprobieren und gleichzeitig verwerfen zu können, gehört zu einem Lernen, das im Weg das eigentliche Ziel betrachtet.

Zu den Vorzügen gehört auch, daß man sich bei der Benutzung einer Tastatur oft anders verhält als dort, wo man mit dem Stift auf einem Stück Papier etwas entwickeln will. Die Tastatur zwingt einem zum Wesentlichen. Wer etwa ein Memo eingibt, der faßt sich kürzer und äußert sich oft klarer als etwa am Telefon. Ich brauche nicht zu betonen, daß ein spontaner Einfall im unternehmerischen Gebälk mehr rumort als die Maschinerie des immer gleichen Ablaufs bestimmter Vorgänge.

Wer tritt schon gerne auf der Stelle?

Es ist peinlich, daß die Vision eines Instruments, das unser Denken, Arbeiten und Kommunizieren derart vereinfacht, in Deutschland eher auf Widerspruch denn auf Zustimmung stößt. Ich will es einmal etwas härter formulieren: Wer erst mit Kopfrechnen und womöglich mit den unregelmäßigen Verben zum Lernen und Kombinieren gebracht worden ist, dem kann jedes Hilfsmittel zum Problem werden – auch der Taschenrechner in der Schule.

Unsere Vision hat es aber genau mit einem solchen Hilfsmittel zu tun. Wer allerdings von der Technik etwas haben will, der muß den Umgang mit ihr lernen. Es ist geradezu hanebüchen, zu behaupten, dafür würden andere Fähigkeiten auf der Strecke bleiben.

Ich glaube nicht, daß Goethes „Faust" oder Schillers „Räuber" durch den Umgang mit dem PC an Lektürereiz verlieren – allerdings erzählen die meisten Schüler, daß sie mit den alten Klassikern aus anderen Gründen nichts mehr am Hut hätten. Dies galt aber auch schon vor der Zeit, als der PC erfunden wurde.

Eine lange Rechnung im Kopf vorzunehmen – früher beliebtes Disziplinierungsinstrument in deutschen Volksschulen – mag zwar nützlich sein und einen gewissen Trainingseffekt besitzen, die Fertigkeit, einen PC bedienen zu können, dürfte aber nicht weniger sinnvoll sein. Wer einmal Zwölfjährige beim Umgang mit dem PC beobachtet hat, weiß, wovon ich spreche.

Wer hat Angst vor dem PC? Die heutigen Schüler, Studenten, Berufsanfänger, Angestellten und Freiberufler sicherlich längst nicht mehr. Vieles läßt sich damit verbessern – die Ordnung in persönlichen Dingen, das Entwikkeln guter Ideen, die Bearbeitung komplexer Vorgänge, der Informationsaustausch und die Kommunikation mit den anderen. Mehr leisten, weniger arbeiten, galt zwar früher als Devise für Arbeitsscheue und Leistungsverweigerer, heute ist es das Prinzip für effektiveres Arbeiten. Der Umbruch unserer Gesellschaft hat deshalb unsere alten Leistungsideale in ein neues Licht gerückt und sie neu definiert.

Die Textverarbeitung ist ein markantes Beispiel, wie sich die Zeiten geändert haben. Wer unter den Führungskräften kennt nicht das Gefühl, dieses oder jenes bei einem fertigen Text noch einfügen und ummodeln zu wollen. Daß man dem Reiz oft nicht nachgegeben hat und es nochmals schreiben ließ, hängt eher damit zusammen, daß man die Sekretärin nicht unnötig belasten wollte, Angst vor Fehlern beim neuerlichen Abschreiben hatte oder schlichtweg kostenintensive Zeitverschwendung vermeiden wollte.

Mit dem PC kann man diese Gedanken streichen. Der Text steht bis zum Schluß zur Disposition; er wird erst ausgedruckt, wenn alle Vorgänge wirklich abgeschlossen sind. Ein Lied davon singen kann jeder, der schon einmal ein schwieriges Angebot, eine umfangreiche Kalkulation oder einen komplizierten Vertragsentwurf nochmals schreiben mußte.

Fazit: Der PC läßt technisch jede Veränderung zu jedem beliebigen Zeitpunkt zu. Dies gilt auch für den Rattenschwanz an Korrekturen, den manche Veränderung im nachhinein hinter sich herzieht. Inhaltlich läßt der PC die Einflußnahme vieler Beteiligter zu und fördert die betriebliche Kommunikation. Sie fällt leichter, weil er die

Endgültigkeit eines Dokuments bis zu dessem Ausdruck hinauszögert. Die Verbesserung ist an allen Ecken und Enden spürbar. Sie kommt jedermann zugute. Insofern ist die Apple-Vision schon teilweise Wirklichkeit geworden. Doch noch ist nicht aller Tage abend. Wir stehen in der Entwicklung erst ganz am Anfang.

Kapitel 11
Der Apfel fällt nicht weit vom Stamm - die Konkurrenz

Dieses Buch begann mit der Einsicht, dem Personal Computer gehöre die Zukunft. Für uns Profis, die wir vom Verkauf der Geräte leben, heißt das: Wir müssen neue Märkte erschließen, erkennen, daß die traditionellen Märkte längst noch nicht ausgeschöpft sind und große Flächen der Technologieentwicklung noch brachliegen.

Die PC-Hersteller könnten sich somit getrost in den Lehnstuhl fallen lassen und guten Mutes in die Zukunft blicken. Ja, wenn da nicht der Preisverfall wäre. Begonnen hatte die Geschichte wie in vielen anderen Branchen auch. Zuerst wurde im Rahmen ausgedehnter Grundlagenforschung die Technik erfunden und reproduzierbar gemacht. In der PC-Branche war diese Phase relativ kurz. Anschließend wurden die Claims auf dem Markt erschlossen und verteilt. Der PC wurde zur gängigen Ware. Nachdem er ein höchst innovatives Produkt war, kam es zwangsläufig zu Nachahmung und mannigfachen Variationen. Diese zweite und dritte Phase folgten einander sehr schnell. Schließlich läuteten die Glocken zum unvermeidlichen Preiskampf. Die Plagiatoren mußten dabei preisgünstigere Angebote als die Innovatoren machen, wenn sie am Markt bestehen wollten. Ihre Kalkulation beinhaltet nur geringe Entwicklungskosten, wodurch ihre Preislisten zwangsläufig eher an Marketendergeschrei erinnern.

Ein Preiskampf zieht immer die gleiche Schlammspur nach sich. Zwar wird der Markt gehörig erweitert, dennoch bleiben einige Anbieter auf der Strecke. Die Geschäftszahlen von 1989 sprechen Bände. Der Verkauf nach Stückzahlen nahm de facto zu, während der Umsatz aber nicht im gleichen Maße stieg. Die Gewinne gingen teilweise in drastischer Manier zurück. Im IV. Quartal 1989 gab es dann Gewinneinbrüche bis zu 60 Prozent, wenn nicht überhaupt vielerorten Verluste notiert wurden.

Apple und Compaq beispielsweise schlossen mit Gewinnminderungen von elf beziehungsweise knapp 14 Prozent noch am besten ab. Apples Umsatz im Jahr 1989 betrug etwa 5,3 Milliarden US-Dollar bei einem Gewinn von 454 Millionen Dollar. 1990 betrug dieses Verhältnis knapp 5,6 Milliarden zu 474 Millionen Dollar. Die Situation hat sich mancherorten zwar wieder entspannt, nach wie vor tobt aber ein immenser Preiskampf, bei dem die Gewinner und Verlierer noch nicht klar auszumachen sind.

Was war geschehen? Nun, wie immer hängt bei solchen Entwicklungen viel von der Ausgangsposition auf dem Markt ab. Kurz gesagt und wohl nicht überraschend: Je besser sie ist, desto leichter lassen sich Umsatz- und Gewinnschwankungen auffangen. Firmen mit einer größeren Produktpalette haben bei diesen Schwankungen einen besseren Stand, weil sie auf verschiedenen Märkten agieren und so ihre Standfestigkeit besser behaupten können. Die Japaner haben dabei keine Skrupel, Unternehmensallianzen jedweder Couleur aufzubauen, die ihnen ihre angestammten Marktpositionen sichern. So weiß in der Branche jeder, daß die Japaner, wenn es sein muß, den Markt mit Dumping-Preisen unterhöhlen, bis sie die Schlacht gewonnen haben.

Umsatz und Gewinn sind die Gradmesser für Investitionen und vor allem für das, was ein Unternehmen in Forschung und Entwicklung stecken kann. Wir haben 1989 und 1990 zusammen fast 900 Millionen Dollar in Forschung und Technik investiert. Trotz Preiskampf und -verfall signalisiert diese Zahl, daß wir seit etwa drei Jahren wieder in der ersten Phase der Invention und Innovation stecken.

Es zeichnet sich immer deutlicher eine Entwicklung ab, an der nur noch einige wenige Unternehmen teilnehmen, eben die, die zum einen die notwendigen Forschungsaufwendungen erwirtschaften und zum anderen über Visionen verfügen, die abseits jedes Profitdenkens in die Zukunft weisen. Die Richtung dieses Innovationsschubes will ich in Kapitel 12 genauer durchleuchten. Unsere Visionen haben Sie soeben kennengelernt.

Über Konkurrenz und Wettbewerb wird hierzulande gerne geschwiegen. Ich meine aber, daß man die Dinge ruhig beim Namen nennen und ganz offen darüber sprechen sollte. Frei nach dem Motto: Wenn der PC interessant ist, so ist es auch der Wettbewerb zwischen seinen Produzenten. Der Wettbewerb ist der Tummelplatz der Produkte, ihrer Verkaufsstrategien, des Firmenimages und vieler anderer Aspekte mehr. Im Mittelpunkt bleibt aber doch immer das Produkt, der PC. Diesem Hauptdarsteller wollen wir auch weiterhin auf der Spur bleiben.

Apple und der „Standard“

Ich will ehrlich sein: Der deutsche Markt war für Apple zunächst nur schwer zu erschließen. 1987 bewegten wir uns bei einem Umsatz von gerade mal 76 Millionen DM.

Die Jahre darauf kletterte unsere Erfolgskurve steil nach oben. 1988 bereits 134 Millionen, 1989 schon 201 und 1990 300 Millionen DM. In 1991 werden wir bei etwa 400 Millionen DM abschließen. „Schnöder Mammon" und „betriebswirtschaftliche Zahlenspielereien" wird manch einer jetzt denken. Doch dahinter verbirgt sich ein spannendes Konglomerat aus Ideen und Handlungen.

Apple-Deutschland liegt vorderhand noch immer unter dem Europa-Standard des Mutterkonzerns und trägt mit seinem Umsatz nicht gerade erklecklich zum Weltumsatz von Apple bei. Einige Gründe hatte ich bereits angedeutet, so die mangelnde Akzeptanz des PCs in den Führungsetagen der deutschen Industrie. Das Problem ist dennoch vielschichtiger und hat auch mit dem anfänglich unsicheren Verhalten von Apple auf dem deutschen Markt zu tun.

Es wäre nicht angebracht, nochmals die schmutzige Wäsche zu waschen, der wir uns für immer entledigt haben. Aber eine Argumentation will ich herausgreifen, gerade weil sie über unser Unternehmen hinausweist und etwas mit der allgemeinen Entwicklung des PCs zu tun hat. Dies alles läßt sich in dem ominösen Begriff „Standard" zusammenfassen. Es wurde uns jahrelang vorgehalten, Apple entspreche diesem Standard nicht. Was hat es mit diesem völlig inhaltsleeren Begriff auf sich? Warum ist er die heimliche Klammer, die die Branche zusammenhält?

Lassen Sie mich das Problem aus drei verschiedenen Blickpunkten heraus angehen.

Erstens bedeutet Standard einfach Vergleichbarkeit. Es ist wie beim Auto: Solange man auf vier Rädern fährt, wird der Fahrersitz vorne sein und nicht hinten. Es gibt eine

Grundregel für die Schaltung oder Automatik und ähnliches mehr. Wer den Wagentyp wechselt, muß deshalb nicht mehr von vorne anfangen und alles neu lernen, er muß nur einige neue Details am Armaturenbrett wahrnehmen. Vergleichbar damit ist die Tastatur, weil sie von einer herkömmlichen Schreibmaschine übernommen wurde. Es versteht sich von selbst, daß auf dieser Ebene keine Standardisierungsprobleme entstehen. Die Geräte sind sich in diesem Punkt relativ ähnlich. Sie unterscheiden sich nur rein äußerlich im Styling.

Zweitens bedeutet Standard Vernetzbarkeit oder Austauschbarkeit. Die meisten PCs sind für verschiedenste Disketten und Druckermodelle ausgelegt. Auf dieser Ebene gilt das „Entweder-oder-Prinzip", was darauf hinausläuft, daß man sich entweder komplett auf eine Gerätefamilie konzentriert oder Modelle benutzt, die miteinander umgehen können, also kompatibel sind. Jeder PC-Hersteller will natürlich auf der Seite des „Entweder" agieren können und seine ganze Produktpalette an den Mann bringen. Das „Oder" schleicht sich aber immer mehr ein. Individualisten bauen sich ihre Konfiguration aus den besten Einzelelementen zusammen, die als Ganzes über den Durchschnitt weit hinausragen soll.

Drittens bedeutet Standard Leistungs- und Entwicklungsfähigkeit. Heerscharen von Fachzeitschriften und Experten haben es sich jetzt zur Lebensaufgabe gestellt, durch Vergleiche dem Anwender die besten PC-Bausteine anzupreisen. Der Anwender hat in der Produktvielfalt längst den Überblick verloren, so daß er auf diese Informanten angewiesen ist, so wie man beim Pferderennen auch auf Tips aus der Szene scharf ist. Ein PC ist in der einen Hinsicht besser, ein anderer in einer anderen. Dennoch kann man sozusagen auch ganzheitliche Urteile fällen.

Der Standard läßt sich mehr oder minder genau festhalten. Autos weisen ja auch einen Mindeststandard auf, den alle Wagen einer Klasse bieten müssen, wollen sie im Expertengespräch nicht unter den Tisch fallen. Trotzdem findet man keinen Autohersteller, der einem das Grundmodell nicht ohne Extras und Aufpreis verkaufen will. Dasselbe gilt für den PC. Die kleinen Verbesserungen und Extras vergolden den Standard in der Weise, daß der Käufer aufhorcht. In dieser Nische tobt ein harter Wettbewerb um Standortvorteile und Marketingstrategien. Die Unterschiede bei PCs mit einem 386-Prozessor beispielsweise sind gewaltig, obwohl der Standard eigentlich derselbe ist. Die Veredelung findet durch die kleinen Extras statt.

Der Knackpunkt liegt eigentlich darin, daß einerseits der PC in einem fest definierten System steckt, andererseits mit anderen Bausteinen zu einem System verknüpft werden kann, von dem aus der Zugang zu weiteren Systemen möglich ist. In der jetzigen Innovationsphase wird dieses Problem systematisch gelöst. Wenn früher jemand ein Apple-System benutzte, so war die Vernetzung mit IBM-kompatiblen Geräten nicht möglich. Heute verwehren die verschiedenartigen Betriebssysteme nicht mehr den gegenseitigen Zugang. Es ist aber nach wie vor richtig, daß wir unseren eigenen Standard definieren und festlegen. Dies geschieht nicht dehalb, weil wir uns aus Imagegründen dem „mainstream“ verwehren wollen, sondern weil wir glauben, daß unser System allen anderen inhaltlich überlegen ist. Seien wir doch ehrlich, ohne abheben zu wollen: Wer, wie wir, fest von der Qualität seines Produkts überzeugt ist, braucht sich nicht nach dem Standard der anderen zu richten. Ob Architekten oder Informatiker, sie alle halten zum überwiegenden Teil Macintosh für das ausgereifteste System. Es wäre geradezu unsinnig, diesen

Ruf den Wünschen und Bedingungen des PC-Kartells zu opfern, alles gemäß kommandowirtschaftlicher Belange einer Zensurbehörde vorlegen zu müssen.

Mir kommt das Ganze immer so vor, als befänden wir uns in den Anfangsjahren der US-Fernsehserie „Dallas“. Dort einigten sich die Ölbarone vorderhand auch gütlich über die Belange in der Branche. Hinter den Kulissen tobte allerdings ein Intrigenkampf, in dem es ein gewisser J.R. zu weltweitem Ruhm brachte. Die PC-Hersteller sollten eigentlich um den Apple-Standard froh sein, liefert er doch den anderen immer wieder Impulse für Produktinnovationen und auch für Plagiate. Insofern lebt die Industrie ganz gut von unserer technologischen Vorreiterrolle.

Den Schuh, Apple entziehe sich der weltweiten Vereinheitlichung der PC-Systeme und -kommunikation, wollen wir uns deshalb nicht länger anziehen. Noch leben wir in einem liberalen Wirtschaftssystem, in dem freie Unternehmer ihre Produkte auf einem freien Markt anbieten. Dies soll nicht heißen, daß ich einem Manchesterkapitalismus das Wort rede, der ausschließlich auf hohen Profitraten basiert. Unsere Vision sprengt ja gerade diesen engen Blickwinkel, der nur das Wohl des nächsten Finanzquartalsberichts im Auge hat.

Wir würden uns außerdem ins eigene Fleisch schneiden, wenn wir die technologische Spitze nicht mehr halten könnten. Sehr schnell würde uns der Markt überholen, weil wir nicht mehr konkurrenzfähig wären. Sicher wäre es für einige PC-Hersteller bequem, wenn alle PC-Technik vereinheitlicht wäre. Man könnte den Markt nach Belieben beherrschen, bräuchte Innovationen nur noch dann zuzulassen, wenn man sie profitabel ausschlachten könnte.

Dies ist der heimliche Traum der japanischen Hersteller, der Weltmeister in Vertrieb und Marketing. Was allerdings die Forschung und Entwicklung der Fertigungstechnologie betrifft, lassen die Japaner immer noch gerne den anderen Ländern den Vortritt. Wenn die Innovationen dann marktreif sind, beginnt der japanische Tanz ums goldene Kalb.

Ein Computerunternehmen hat mehr Verantwortung, als nur die höchstmöglichen Gewinne aus dem Markt zu ziehen. Apple setzt auf seine Vision, das Werkzeug PC nach den Anwenderbedürfnissen zu perfektionieren. Deshalb vertrauen wir auf unseren eigenen Standard und lassen uns nicht von der Konkurrenz ins warme Bettchen der gleichgeschalteten Technologien ziehen. Dort liegt nämlich zur Gute-Nacht-Lektüre Orwells „1984" bereit.

Forschung und Wettbewerb

In den Gazetten der bedeutenden Wirtschaftspresse liest man derzeit viel über Glanz und Elend der Computerindustrie, über Umsatzeinbußen und die Zukunft der Branche. Was gerne außer acht gelassen wird, ist der Aufwand, den die Unternehmen für Forschung und Entwicklung betreiben. Der Kreis der Firmen mit hohen Forschungsetats ist allerdings exklusiv und sehr viel kleiner als der Kreis der Firmen, die PCs verkaufen. Diese wiederum hängen jedoch technologisch am Tropf der Ideengeber. Selbst IBM, der mächtigste unter den Branchengiganten, war, was PC-Technologie betrifft, immer schon ein Verwerter dessen, was andere zuvor erfunden hatten.

Im Moment lassen sich verschiedene Entwicklungslinien erkennen, mit deren Hilfe die Entdecker die Computerzukunft einläuten wollen. Man braucht kein Prophet zu sein, um zu erkennen, daß die Entdeckungen teilweise gleichartig oder ähnlich sein, andererseits sich aber auch deutlich voneinander unterscheiden werden.

Beginnen wir mit den Gemeinsamkeiten: In absehbarer Zeit – schlagen Sie nach im Kapitel über Dr.Feelgood – wird es beispielsweise zum allgemeinen Standard gehören, daß der PC die natürliche Sprache seines Benutzers versteht, in dieser Sprache Anweisungen erhält und seinerseits in natürlicher Sprache antwortet. Fieberhaft wird in den Forschungszentralen der PC-Riesen an der Realisierung dieses Vorhabens gearbeitet. Die ersten Ergebnisse kann man bereits in Form von Autotelefonen mit Speichermöglichkeiten bewundern. Ich kann Ihnen nur sagen, daß Apple mit höchstem Engagement an diesem Problem arbeitet und vielleicht schon in Kürze die Welt verblüffen wird.

Wie gesagt: Nur einige wenige Hersteller verfügen über das nötige Know-how und die Visionen, die Entwicklung des PCs voranzutreiben. Sie werden über die künftigen Geräteformen, über die Zahl, Art und Kompatibilität der Betriebssysteme, über die Software und Architektur der Gerätekonfigurationen befinden und entscheiden. Im Troß allerdings warten die Schmarotzer der Branche nur darauf, die neuen Erfindungen in ihre Markteroberungsstrategien einzubauen. Das ist die harte Realität einer freien Marktwirtschaft. Sie gilt es anzuerkennen.

Große Dinge hält man bei allen Akteuren von der zunehmenden Miniaturisierung der Geräte. Zwar wird es weiterhin Tischmodelle geben, gleichzeitig wird aber die Entwicklung hin zum Liliput voranschreiten. Bald wird man über miniaturisierte PCs verfügen, die vom Format und von der Handlichkeit her den der derzeitigen Laptops weit überlegen sein werden.

Bei den Betriebssystemen ist die Entwicklung offener und in gewisser Weise widersprüchlicher. Einerseits werden die Monopole der 80er Jahre gesprengt werden, andererseits wird aber die Anzahl der markt- und überlebensfähigen Betriebssysteme doch begrenzt bleiben. In bestens unterrichteten Kreisen – wir ziehen dafür den Gartner-Report 1991 heran – spricht man bereits davon, daß es zukünftig nur noch fünf Plattformen geben wird: Macintosh, Windows, OS/2, Unix und DOS. Und damit Sie nicht glauben, nur ich käme zur folgenden Einschätzung, darf ich den Gartner-Report zusammenfassen: OS/2 und Macintosh 7.0 sind dem Windows-System überlegen, obwohl letzteres auf einer breiteren Anwenderbasis genutzt wird.

Man kann es also drehen und wenden, wie man will. Nur eine begrenzte Anzahl bestens ausgerüsteter Konkurrenten wird den beschwerlichen Gipfelaufstieg in die Zukunft unternehmen können. Und trotz knallharten Wettbewerbs werden sich diese Systeme in der Ausrüstung und im gegenseitigen Dialog annähern. Es wäre ja auch unsinnig, den PC als Mitte der Kommunikationswelten abzuschotten. Der Benutzer erhebt völlig zu Recht den Anspruch, die Konfiguration selbst zu bestimmen. Die Hüter und Verwalter der fünf Betriebssystemriesen sollten sich das gefälligst auf ihre Fahnen schreiben. Wir von Apple haben dies bereits getan, denn wir wollen eine offene PC-Welt, in der sich die Benutzer frei bewegen können.

Wieder anders liegen die Dinge bei der Softwareentwicklung, wo es neben einigen Standardprogrammen eine Vielzahl von neuen Programmen geben wird. Diese neue

Unübersichtlichkeit, die eher an den Gang durch die minoischen Labyrinthe erinnert, bedarf neuer Ordnungsmaßnahmen. Die heute bereits enormen Speicherkapazitäten durch größere Festplatten und die Erweiterung auf zwei Laufwerke, die einen beliebigen Wechsel der Programmdisketten möglich machen, kanalisiert den ungeheuren Zustrom einwanderungswilliger Fremdprogramme.

Ist die Festplatte groß genug oder entsprechend erweiterungsfähig, kann man seine Programme problemlos im Gerät integrieren und jederzeit aufrufen. Allerdings lenkt diese Entwicklung der immensen Softwareverästelungen und -aufsplitterungen nicht davon ab, daß die Entwicklung umfassender und einfach zu nutzender Programme immer noch höchst schwierig ist. Ich denke, daß deswegen das Kernangebot relativ begrenzt bleiben wird, weil man sich nicht blindlings jeder noch so überflüssigen Neuheit auf dem Markt anvertrauen wird.

Fazit: Die Philosophie von Apple geht in zwei, auf den ersten Anblick divergierende Richtungen. Einerseits ist es unser Ziel, eigenständig zu bleiben. Apple-Computer sind Systeme, die sich selbst erklären und für die der Benutzer kein DV-technisches Wissen benötigt. Um das zu erreichen, muß man sozusagen alles aus einem Guß entwickeln und spätere Konfigurationen bereits vorwegnehmen.

Wenn es also gelingt, Hard- und Software in ein ganzheitliches Konzept zu bringen, so wird der PC zum Zeit- und Energiesparer, wie wir ihn in diesem Buch beschrieben haben. Nur dann ist jene arbeitszeitsparende Kommunikation und jene reibungslose Integration von Daten und Informationen zu erreichen, auf die jeder Anwender einen berechtigten Anspruch hat.

Andererseits gibt es natürlich auch gute Gründe, diese Homogenität aufzugeben und nach außen offen zu bleiben, will sagen, bestimmte Teile aus anderen Systemen zu nutzen. Die Einheit der Systemarchitektur, wie sie Apple mit OASIS („open architecture systems integration strategy") entwickelt hat, ist ein solches Angebot.

Es ist vergleichbar mit einer Modelleisenbahn. Man kann mit einigen Bausteinen beginnen und die Anlage dann ganz den eigenen Bedürfnissen gemäß weiter ausbauen. Zu diesem Zweck darf man sich auch aus der Apple-Produktfamilie ausklinken. Wir zwingen niemanden zu seinem Glück, obwohl sich natürlich jeder Hersteller wünscht, daß der Käufer sein Angebot auch umfassend nutzt. Wir wollen aber nichts technisch erzwingen, schon gar nicht der Gefahr wegen, die Macintosh-Familie zu verprellen. Der Nutzer soll selbst Architekt der Konfiguration sein, mit der er arbeitet. Die Systeme müssen offen bleiben.

Das mag zwar den Wettbewerb der Ideen und die Qualität des Angebots stärken, erschwert aber gleichzeitig auch die Forschung. Denn wir bewegen uns damit immer im Spannungsfeld zweier konkurrierender Denkrichtungen: Die Entwicklung des eigenen Systems soll vorangetrieben, aber nicht abgeschottet werden. Auf gewisse Grenzen stößt man hierbei allerdings in der Unternehmenskommunikation. Hier muß man die individuellen Anwenderbedürfnisse mit den Unternehmensanforderungen unter einen Hut bringen. Man kann nicht so einfach alles mit allem kombinieren. Es wäre fatal, wenn man die Industrie in ein Korsett zwingen wollte. Man würde uns schnell etwas husten und auf andere Hersteller ausweichen. Es bleibt dabei: Alle PC-Produzenten mit eigener Forschung müssen den zwei genannten Zielvorstellungen genügen.

Anleitung zur Unternehmenskommunikation

Jedes mittlere und größere Unternehmen braucht ein auf seine Bedürfnisse abgestimmtes PC-System, mit dem es Herr der Informationsflut bleibt. Dabei bedarf es einiger Ordnungsprinzipien, die im heute komplexen Arbeitsalltag den anfallenden Datenwust integrieren.

So fordern viele Manager eine Beschleunigung des internen Informationsflusses und die Einbeziehung der Mitarbeiter, um einen gemeinsamen Zugriff auf die Informationen zu haben. In den Wettbewerbsgeplänkeln wird das Unternehmen dadurch flexibler und reaktionsschneller, heute eine zentrale Grundvoraussetzung, um auf dem Markt zu bestehen. Das System muß allerdings auf den Mitarbeiter zugeschnitten sein. Der einzelne darf nicht zum Handlanger eines zentral gelenkten Systems werden.

Schließlich haben wir ja gesehen, wie wichtig es ist, daß sich der Mitarbeiter schon frühzeitig in Entscheidungsprozesse einklinken kann. Vorläufige Überlegungen, Stichworte und sonst auch manch Unausgegorenes darf nicht ausgegrenzt werden, weil hier oft ausbaufähiges Informationsmaterial herumliegt, das sonst im Datenmüllberg auf Nimmerwiedersehen verlorenginge. Es ist ja gerade der Vorteil des PCs, daß er die scheinbare Unübersichtlichkeit der Informationsberge abbaut und ordnet. In diesen Informationspools läßt sich gerne angeln, weil man sich dort die frei fließenden Argumente rechtzeitig schnappen kann.

Technisch gibt es hier keine Probleme. Die völlige Vernetzung im Betrieb führt zur hausinternen Glasnost. Es läßt sich aber auch ein anderer Pfad beschreiten. Man wählt vorher aus, welche Informationen im Hause jedermann frei zugänglich sein sollen und wo man Grenzen zieht. Das wäre dann Glasnost mit angezogener Handbremse. Besteht diese Voraussetzung, kann man jeden Mitarbeiter, sei es Sekretärin, Sachbearbeiter, Chefetage, mit einem PC ausstatten und ihn mit weiteren Arbeitsmitteln versorgen. Selbst die Bundespost ist auf den rollenden Zug aufgesprungen und will in Kürze ihre Datendienste und -netze erheblich ausweiten. Die Bürokommunikation wird sich dann mehr und mehr auf integrierte Konfigurationen konzentrieren.

Manchmal scheint es, als ob die Bürokommunikation erst allmählich voll in Schwung kommt. Vernetzte In-House-Systeme stoßen aber immer noch auf mentale Barrieren, vor allem in traditionell konservativen Industriekreisen und wie gesehen in der öffentlichen Verwaltung. Die Schwierigkeiten hängen auch damit zusammen, daß hier nur einige Produzenten ernsthaft miteinander konkurrieren können. Man will ja auch gewährleisten, daß das, was heute installiert wird, auch in der näheren Zukunft noch Bestand haben wird.

Die elektronische Übermittlung von Briefen und anderen Briefstücken hat in den letzten Jahren schon erhebliche Fortschritte gemacht. Das gilt vor allem für die zahlreichen landes- oder gar weltweiten internen Vernetzungen großer Unternehmen. Ich meine hier nicht nur, daß man sich etwas zufaxt oder von PC zu PC etwas hin- und herschiebt, sondern auch die elektronischen Briefkästen, wie ich sie anhand des „AppleLink“ schon erläutert habe. Dies ist ein Spiel ohne Grenzen, weil es die Arbeitsweisen im Büro grundlegend umkrempelt. Jeder Büromitarbeiter ist froh um jede Erleichterung, kann er sich doch dann wieder den entscheidenderen Vorgängen mit ganzer Kraft widmen.

Auch diese Zukunft wird in einigen Jahren schon Gegenwart sein. Trotz der beschriebenen Probleme in der Computerindustrie sind Millionen von Anwendern darauf angewiesen, mit diesem Werkzeug zu arbeiten. Jeder Computerhersteller hat deshalb auch eine gesellschaftliche Verantwortung, der er sich nicht entziehen kann. Nur auf den eigenen Profit zu schielen oder als Plagiator raubend durch die Lande zu ziehen wird dieser Verantwortung nicht gerecht. Die gesellschaftspolitischen und individuellen Auswirkungen seines Tuns miteinzubeziehen, ist das dringende Gebot der Stunde, schon allein, weil der Mißbrauch die Entwicklungsuhr im heutigen Noch-Zeitalter der Kriege, Konflikte und sozialen Mißstände stehenbleiben läßt. Wer das ändern will, muß auch danach arbeiten und leben. Diese Verantwortung trägt ein jeder von uns.

Kapitel 12
Captain Future oder: Wohin geht die Reise?

Vor Überraschungen wird man in der PC-Entwicklung auch in Zukunft nicht gefeit sein. Leider verfüge ich noch nicht über die göttliche Gabe der Prophetie, so daß ich Ihnen nichts darüber erzählen kann. Ich halte mich lieber auf den Pfaden auf, deren Verlauf relativ überschaubar ist. Von ihnen soll in diesem Kapitel die Rede sein. Erwarten Sie aber nun nicht gleich exakte Zeitangaben, wann diese oder jene Erfindung unser Leben verändern wird.

Forschung und Entwicklung sind zwar in weiten Teilen planbar, ihre Ergebnisse jedoch lassen sich nicht vorhersehen, obwohl uns die Computersimulation täglich neue Einblicke in das kommende Jahrtausend verschafft. Sicher wird man sich selbst gewisse Grenzen setzen wollen, bis wann man eine Etappe zurückgelegt haben will. Macht man diese öffentlich und lehnt sich damit zu weit aus dem Fenster, sind Schadenfreude und Kritik groß, wenn man das Ziel verfehlt hat.

Trotzdem bleibt es unabdingbar, bei größeren Entwicklungen mit festen Zeitplänen zu arbeiten. Damit wird gerade nicht, wie mancher Spötter meint, das kreative Tun und die Freiheit der forschenden Akteure behindert.

Komplexe Entwicklungsvorgänge bestehen aus vielen Kausal- und Argumentationsketten. Diese zusammenzubringen, zu vernetzen und daraus Ergebnisse abzuleiten ist für unsere Sprache ein nahezu unmögliches Unternehmen. Doch Spaß beiseite, eines bleibt unumstößlich: Um über komplexe Vorgänge zu befinden, muß man ihre Einzelteile nacheinander begutachten. So werde ich Ihnen im folgenden erläutern, daß der PC kleiner, sein Innenleben völlig andersartig und sich seine Hauptrolle noch mehr in Richtung Kommunikation bewegen wird.

Klein, kleiner, PowerBook!

Im Herbst 1991 brachte Apple mit riesigem Erfolg sein PowerBook auf den Markt. Die Macintosh-Familie wurde durch ein Segment erweitert, das tief in die Zukunft blicken läßt. Dieses PowerBook ist eine konsequente Weiterentwicklung in Richtung Mobilität und Handlichkeit. Es ist nur noch etwa zwei Kilogramm schwer und entspricht von der Größe her einem etwas größeren Notizbuch oder Terminkalender.

Der miniaturisierte PC paßt in jede Aktentasche. Er ist ein vollwertiger PC, der im Prinzip all das leistet, was eine herkömmliche Tischversion bietet. Selbst die Maus konnte als tischtennisballgroße Kugel in das Gerät integriert werden. Man kann also schreiben, andere Informationen entgegennehmen, rechnen, kommunizieren, seine Terminplanung bewältigen oder auf Daten außerhalb des Geräts zurückgreifen.

Kurzum: Mit ihm erhält man Anschluß zu seiner spezifischen Informationswelt.

Gerne wird das Power-Book von einigen Mäklern als überflüssige Spielerei hingestellt. Vom Typ her sind das die gleichen Leute, die den PC bei dessen Einführung als unprofessionell abqualifiziert haben. Das ändert aber nichts daran, daß die PowerBook-Konfiguration Ausdruck des Zeitgeistes ist, flexibel und mobil den Erfordernissen dieser Welt entgegenzutreten. Mobilität ist heute ja nicht mehr nur körperliche Beweglichkeit und die Bereitschaft, da- und dorthin zu fahren oder zu fliegen, wo die Anwesenheit erforderlich ist. Vielmehr bedeutet sie heute eine Mobilität der Informationen und eine Mobilität des Geistes, der diese Informationen aufnimmt, sie präzise und zeitsparend verarbeitet und daran seine weiteren Handlungsschritte ausrichtet.

Wir hatten ja gesehen: Wenn etwas die Informationsgesellschaft von morgen kennzeichnet, dann sind es die weitere Vernetzung, der globale Informationsaustausch und die steigende Zahl jener Akteure, die von diesem Informationsmanagement abhängig sind. Sicher werden noch einzelne entgegenhalten wollen, daß der Griff in andere Informationsquellen wie Lexika und Zeitschriften unabdingbar sei, aber der blitzschnelle Zugriff über den PC ermöglicht eine größere Informationsfülle, über die man letztlich durch vernetzte Datenbänke verfügt.

Bedenkt man nur, daß ein enzyklopädisches Lexikon heute eine Laufzeit von zehn bis 20 Jahren hat, so kann man dessen Unvollständigkeit ahnen. Das enzyklopädische Unternehmen, sozusagen der Wissensspeicher einer Epoche, war ja zu Zeiten Diderots und Voltaires noch angetreten, eine begrenzte und überschaubare Datenmenge zusammenzufassen. Selbst in der industriellen Revolution hundert Jahre später genügte es, „alle heiligen Zeiten“ eine Neufassung zu erarbeiten, waren doch die Erfindungen, trotz ihrer weitreichenden Wirkung, im Vergleich zu heute dünn gesät. Der Aufwand, mit dem die

Redakteure dieser Enzyklopädien noch heute in den weltweiten Informationspools fischen, ist so groß, daß die Laufzeit einer Ausgabe einen längeren Zeitraum umfassen muß, bevor sie die Kosten sozusagen eingespielt hat. Datenbanken können dagegen ständig aktualisiert werden. Sie bedürfen keiner langen Laufzeit, bevor sie aktualisiert werden.

Eine Frage, die in diesem Zusammenhang oft aufgeworfen wird, lautet, ob die Computerisierung unserer Lebenswelten unsere herkömmlichen Wissensspeicher wie Bibliotheken von der Bildfläche verschwinden lassen wird.

Schon werden Schreckensszenarien entworfen, in denen nur noch einige wenige Professoren vor verstaubten Bibliotheksregalen herumlungern und ihren Wissensdurst löschen werden. Ich meine, solche Bilder stellen den PC in eine Ecke, in die er einfach nicht gehört. Bibliotheken und Bücher werden auch in Zukunft von großer Bedeutung sein, wäre es doch unsinnig, das Lesen eines Romans, einer Novelle oder Erzählung auf viereckige Bildschirme zu verbannen. Der PC will und darf das Belletristikbuch nicht ersetzen. Anders verhält es sich bei Wissensbausteinen, aus denen man einen konkreten Nutzen ableiten kann. Nehmen wir einmal an, Sie gehören zu den Erleuchteten, die ihre jährliche Steuererklärung noch selbst anfertigen. Wie froh sind Sie um Ihren Hilfssheriff PC, der Sie sicher durch die gefährlichen Schluchten der Lohn- und Einkommensteuer führt.

Hier substituiert der PC das Buch, das als Ratgeber fungiert. Weite Teile der Sachbuchliteratur könnten bequem über Datenbanken abgerufen werden, ohne daß man verzweifelt in schlecht systematisierten Ratgebern herumblättern muß, bevor man die gewünschte Information erhält.

Der PC ist hier eine echte Arbeitserleichterung. Aber eben nur dort, wo ein konkreter Nutzen für Beruf und Alltag entsteht. Nehmen wir nur einmal dieses Buch. Überwiegend handelt es sich hier um subjektive Meinungspositionen, die ich zur Diskussion stellen will. Natürlich sind darin ganz konkrete Informationen eingebaut, die aber im Kontext meines persönlichen Meinungsgewebes stehen. Die Buchform ist deshalb die adäquate Form. Das Argument übrigens, Bücher könnte man überall nutzen, ist mit der Erfindung des PowerBooks kein schlagendes mehr. Ein PowerBook ist auch im Liegestuhl benutzbar.

Wer immer noch glaubt, die Miniaturisierung wäre eine überflüssige Spielerei, dem sei kurz die Philosophie des PowerBooks dargestellt: Potentiell soll möglichst viel und alles Entscheidende von dem, was der Arbeitsplatz an Daten, Wissen, Informations- und Kommunikationskanälen bietet, immer und an jedem Ort verfügbar sein. Diese Erkenntnis erinnert an ein Strukturmerkmal des klassischen Dramas, nämlich der Einheit von Ort, Zeit und Handlung. Diese Konzentration von Fakten und Daten ist ein Wesenselement des PowerBooks.

Die Vorstellung, der PowerBook-Nutzer sei immer erreichbar, könne nie ausspannen und sei stets im Dienst, läßt Assoziationen zum Überwachungsapparat aus „1984" wach werden. Dies ist auch nicht gänzlich von der Hand zu weisen, bedenkt man nur die heutige Verfügbarkeit durch Funksprechgeräte in bestimmten Firmen. Nun läßt sich das Ganze sicherlich mit gräßlichen Farben ausmalen. Man könnte an Feiertagen, in der Freizeit oder in der Familie plötzlich zur Arbeit gerufen werden, ohne daß man die Möglichkeit hätte, sich dem zu entziehen. Also doch der überwachte Bürger, dessen Privatsphäre unternehmerischen oder sonstigen Belangen geopfert wird.

So wie man das Tor zur Welt öffnet, so kann die Welt auch umgekehrt leichter in die individuelle Lebenswelt einbrechen. Wird das bisher Geschriebene deswegen zur Makulatur, und müssen wir den Spieß nicht gerade umdrehen und von der Freiheitsberaubung des Individuums sprechen, einer Art Geißel für die Menschheit?

Betrachten wir die Angelegenheit etwas näher. Technisch sichert der PC eigentlich nur die wechselseitige Erreichbarkeit, aber nicht die jederzeitige Verfügbarkeit. Der PC, so die Absicht, soll kommunizieren können, ohne daß sein Besitzer sich beteiligen oder anwesend sein muß. Er kann Mitteilungen aufnehmen und dem Sender den Erhalt signalisieren sowie den wahrscheinlichen Zeitpunkt der Verarbeitung angeben.

Kurzum: Der PC-Besitzer entscheidet, wann und auf welche Weise er reagieren will. Technisch gesehen brauchen wir nicht unbedingt sofort Angst zu bekommen. Fürchten müssen wir uns eher vor Firmenleitungen und Kollegen, die meinen, mit Hilfe der Technik alle Mitarbeiter an die Leine legen zu können. Schon mag man einige Chefs sich die Hände reiben sehen, eingedenk der Aussicht, ihre Mitarbeiter an der Kandare zu halten. Dieser Gefahr muß vorgebeugt werden. Das Gebot der Stunde sollte lauten: Erreichbarkeit ja, Verfügbarkeit um jeden Preis nein, danke! Und schon gar nicht Kontrolle rund um die Uhr!

Man kann wieder nur an den gesunden Menschenverstand der PC-Anwender appellieren, wenn man sich derlei Szenarien vor Augen hält. Der Mensch vereitelt oft genug ehedem gute Absichten. Und diese sollten wir, bei aller angedeuteten Gefahr, nicht vergessen. Im Geschäftsleben wird das PowerBook die ideale Ergänzung zum stationierten Tisch-PC sein. In Besprechungen, auf Geschäftsreisen, abends im Hotel, daheim oder auch im Urlaub läßt er sich schnell und problemlos benutzen, vor allem auch im Zusammenhang mit den neuen Kommunikationstechnologien.

Es sei hier nur der Chronistenpflicht wegen angedeutet, daß der kleine PC, verbunden mit einem Funktelefon, in der Lage sein wird, ein- wie ausgehende Gesprächsnotizen zu speichern, um sie genau dann wiederzugeben, wenn es den Beteiligten in den Kram paßt. Das Funktelefon erspart einem sogar, wenn man will, das Sprechen mit seinem Gegenüber. Das Gerät kann nämlich eine Gesprächsnotiz einlesen, die vom Empfänger am Bildschirm abgerufen werden kann.

Neue Formen der PC-Bedienung

Damit kommen wir zu einem Stichwort, das für die Entwicklung der PC-Tischversion ausschlaggebend sein wird. Auch dort wird die Tastatur überflüssig werden. Der Anwender von morgen spricht die Informationen in das Gerät, die dort gespeichert, weitergegeben oder mit anderen Daten kombiniert werden sollen. Sie können sich das nicht vorstellen? Hier ein einfaches Beispiel: Sie rufen auf dem Bildschirm das Dokument auf, das Sie bearbeiten wollen. Sie gehen mit Maus und Cursor an die entsprechende Stelle im Text und sagen dem Gerät, was und wie es geändert werden soll.

Das ist sozusagen der Mittelpunkt unserer Bedienungsphilosophie: Man kann sich voll auf den inhaltlichen Vorgang konzentrieren. Die Befehls- und Eingabeebene ist damit ausgeschlossen. Vorbei sind die Zeiten komplizierter Befehlsschritte und -kombinationen, die einen wieder und wieder zum Handbuch trieben, in dem man nervös herumblätterte und die entscheidende Information suchte. Teilweise entnervt fanden viele den Anschluß zu ihrer eigentlichen Aufgabe nicht mehr. Das Ergebnis waren unzufriedene und genervte PC-Anwender.

Das Ziel unserer Forschungen sind maximale Leistungsfähigkeit und höchste Benutzerfreundlichkeit. Bei ersterer werden wir die Speicherkapazitäten ganz gehörig erweitern und die Geschwindigkeit bei den internen Abläufen so erhöhen, daß der Anwender das Gefühl haben wird, von einem Mittelklassewagen in ein Rennauto umgestiegen zu sein.

Sie werden fragen, warum man die heute bereits kurzen Wartezeiten von wenigen Sekunden noch verringern will, Ausdruck eines unstillbaren Perfektionismus? Nun, in erster Linie wollen wir damit die Geschwindigkeit der Kommunikation erhöhen. Mit PCs wird zunehmend nicht nur mehr oder weniger isoliert gearbeitet, sondern eben auch kommuniziert. Und das soll erleichtert werden, wenn sich die Reaktionszeiten und die Zeiten, in denen Informationen gesucht und bereitgestellt werden, verkürzen.

Auch der Trend zu größeren Speicherkapazitäten ist nicht Ausdruck eines wissenschaftlichen Größenwahns, obwohl man ja sagen muß, daß viele Anwender heute nicht einmal ihre derzeitigen Speicher voll ausnützen. Diese Entwicklung ist erforderlich, damit sich die Vielfalt der Programme in Zukunft nutzen läßt. Ich habe zwar schon gesagt, daß man nicht auf jeden „allerletzten Schrei" hereinfallen muß, das heißt aber nicht, daß sich das Grundsortiment an Software nicht erheblich erweitern wird. Mehr Programme brauchen größere Speicher. Diese kann man wieder miteinander vernetzen, einzelne Bausteine aneinanderkoppeln und so fort. Wir wollen trotz all dieser Kreativitätsschübe nicht vergessen, daß der PC zunächst den Alltag erleichtern und lästige, stereotype Routinearbeiten erledigen soll.

Der neue PC und seine Märkte

Im Rahmen der beschriebenen Entwicklung dringt der PC in neue Märkte vor, ohne die bisherigen aufgeben zu müssen. In Betrieben oder Behörden, in Wissenschaft und Forschung sowie im Dienstleistungssektor werden anspruchsvolle Konfigurationen benötigt, mit denen standardisierte und stereotype Arbeiten erträglich werden. Für den privaten Alltag wird man einfachere Versionen anbieten, bis hin zur Taschenversion des PowerBooks.

Der PC wird zum Konsumartikel, weil sein Verbreitungsgebiet keinen weißen Fleck auf der Landkarte mehr übrig lassen wird. Der Wettbewerb unter den Herstellern wird heftig bleiben und sich eher noch verstärken. Es stehen unruhige Zeiten bevor, zumal die Schlacht um Betriebssysteme, Programme und vor allem Benutzerfreundlichkeit erst so richtig in Gang kommt. Trotz Unruhe stehen aber alle Zeichen auf Expansion.

Der PC wird den Alltag bestimmen wie es das Auto heute noch tut. Wir stehen am Anfang einer gewaltigen Entwicklung. Sie wird unser Leben grundlegend verändern, weil viele Teile der beruflichen wie privaten Kommunikation davon erfaßt werden. Nach der Lektüre dieses Buches fällt es Ihnen sicherlich nicht mehr so schwer, sich das vorzustellen. „Mehr leisten – weniger arbeiten“, so lautete unser Motto, das wir vielen Argumenten stillschweigend zugrunde legten. Wir werden dadurch weniger Zeit verbrauchen und wieder mehr Zeit zur Verfügung haben. Das ist die sanfte Revolution, von der wir in diesem Buch so gerne sprachen.

So bleibt nur noch die Frage, was wir mit dieser freien Zeit anfangen werden. Wiederholt habe ich Ihnen dazu Antworten geliefert. Es ist für sich genommen noch kein Fortschritt, wenn vieles schneller geht. Auch die neuen Kommunikationsformen bedeuten per se noch keinen Fortschritt, auch nicht die zunehmende Konsumbedeutung des PCs. Diese Fragen gilt es sich immer vor Augen zu halten. Begründeten Zweifeln muß nachgegangen und heiße Eisen müssen angepackt werden, weil nur so die gefährlichen Folgen des PC-Mißbrauchs vermieden werden können. Es läßt sich nicht so einfach leugnen, daß die globale Ausbreitung und die Multifunktionalität des PCs nicht auch ihre Schattenseiten hätten. Unsere Devise lautet deshalb: Vorteile nutzen und Nachteilen strikt entgegentreten. Nicht das Gerät entscheidet darüber, ob es uns gelingen wird, sondern der Mensch, der es nutzt. Daß wir hier vor einem Faß ohne Boden stehen, will und kann ich gar nicht leugnen. Es liegt allein in unserer Verantwortung und in der jedes einzelnen, ob es uns zum Verhängnis wird.

Dennoch halte ich an meinen Grundüberzeugungen fest: die Vorteile sind größer als ihre Nachteile. In 15 oder 20 Jahren, wenn man dieses Buch vereinzelt nochmals in die Hand nehmen wird, wird man sich wundern, daß man überhaupt solche Aufklärungsarbeit leisten mußte. Der Mensch von morgen ist ein versierter Zeitmanager, der eine sinnvolle und ressourcenschonende Kommunikation ganz selbstverständlich beherrscht. In diesem Sinne wird er den PC als Werkzeug in seiner Werkstatt benutzen, so wie der Schmied Hammer und Amboß benutzt. Diese Philosophie gilt es zu verbreiten und zu berücksichtigen.

Schlußwort

Künstliche Intelligenz – Beelzebub oder Retter?

Ein Traum der Menschheit, der weit ins 21. Jahrhundert hineinreicht, ist die Entwicklung von Computern, die analog dem intelligenten Verhalten des Menschen arbeiten. Einige von Ihnen werden jetzt erwidern, alle Computer arbeiten auf diese Weise, beispielsweise bei der Lösung algebraischer Gleichungen oder der Berechnung von Abteilungsetats in großen Unternehmen. Intelligentes Denken und Handeln ist allerdings mehr als das Addieren, Subtrahieren, Multiplizieren und Dividieren willkürlicher Zahlenkombinationen. Denken heißt hier, neue Informationskombinationen, ja sogar Intuition entwickeln. Wenn dies im ersten Moment etwas unklar erscheinen mag, so liegt das daran, daß wir bei der wissenschaftlichen Erforschung des Denkens noch nicht allzu weit vorgedrungen sind. Der Versuch, den Computer dazu zu bringen, Aufgaben zu erledigen, zu denen der Mensch Intelligenz benutzt, wird unter dem umstrittenen Begriff „Künstliche Intelligenz" zusammengefaßt.

Als Guru dieser Forschungsrichtung wird gemeinhin der Amerikaner Marvin Minsky* bezeichnet, der wie ein pater sanctus der Szene vorsteht. Er wurde bereits 1958 Chef des „Artificial Intelligence"-Labors an der renommierten Harvard-Universität. Mitte der 80er Jahre legte er dann sein Mentopolis-Konzept vor, eine umfassende Theorie, wie das menschliche Denken funktioniert.

Es arbeite, so Minsky, mit höchster logischer Präzision auf verschiedenen exakt bestimmbaren Ebenen: „Ich glaube, der Weg, Intelligenz zu verstehen, besteht darin, Teile des Geistes zu haben, die bestimmte Dinge wissen, und andere Teile, die Dinge über die ersteren wissen. Ich suche nach einer administrativen Theorie, die erklärt, wie der

* Marvin Minsky, Mentopolis, Stuttgart 1990

Geist genug Teile haben und über sie wissen kann, um alle diese Probleme zu lösen, mit denen er in Berührung kommt."

Jeder Mensch verfügt somit über Prioritäten in seinem Denken, über spezifische Wissensstränge, die Minsky W-Linien nennt. Daneben existieren noch Ü- oder Übertragungslinien, die sozusagen die Stränge vernetzen und verkabeln. Dort sitzen die Agenten, die wiederum in Kooperation ganze Agenturen bilden oder als Einzelkämpfer fungieren. Sie haben die unterschiedlichsten Jobs, arbeiten als Zensor, als Unterdrücker oder als Erkennungsagent. Sozusagen als oberste Behörde gibt es dann noch die sogenannten „Frames", die Rahmen, die ein gewisses Objekt oder eine Situation beschreiben.

Bildlich kann man sich die Agenten wie Zollbeamte vorstellen, die den Schlagbaum zur Weiterfahrt erst dann heben, wenn die Papiere geprüft sind. Nur so darf zusammenwachsen, was zusammengehört. In den „Frames" werden die Vorgaben und Normen entwickelt, nach denen die Beamten ihre Arbeit verrichten. Dabei gibt es eine unbeschreiblich große Anzahl von Zuständigkeiten und Kompetenzen.

In diesem Geflecht von Hierarchien und Heterarchien kommt das zustande, was wir als selbstverständlich voraussetzen: das menschliche Denken. Minskys Gehirn ist wie eine Gesellschaft, in der jedes Rädchen für die Existenz der Gesamtmaschine steht. Das Schmiermittel ist die rationale Logik der Agenten, die die Gedanken zu Ketten verbandeln. Alles gut und schön, wird man zustimmen wollen, aber das kann doch nicht alles sein. Das künstlerisch-kreative Moment in unserem Denken findet offensichtlich in dieser Logik keinen Platz. Es paßt nicht in das Vernunftsgitter von Minsky, dort wo Agenten über das Wohl eines Gedankenfetzens entscheiden, ob er beispielsweise in der Bürokratie weitergeleitet oder verworfen wird.

Max Bense, der bedeutende Informationsphilosoph, bemerkte einmal zu diesem Konflikt zwischen mathematischer Logik und kreativer Kunst: „Die Feststellung erzielt Objektivität, erkauft sie aber durch den Detailismus gewonnener (numerischer) (Meß-)Werte, die Wirklichkeit bezeichnen. Der Interpretation haftet Subjektivität an, sie kann aber dafür eine geschlossene, systematische, zusammenhängende Wirklichkeitsvorstellung erreichen."

Wir geraten damit mitten in den jahrzehntealten Streit zwischen den logozentrischen Mentopolis-Agenten und der kreativen Welt des Künstlerischen. Dabei ist eines klar: Das Fehlbare und das kreativ-künstlerische Potential im menschlichen Geist sind nicht kalkulierbar und auch nicht berechenbar. Kein Computer der Welt wird die kreative Ästhetik des menschlichen Geistes je nachvollziehen können, gleichwohl man feststellen muß, daß es thinking machines gibt, die ihre eigene Ästhetik zur Anwendung bringen. Der österreichische Computerkünstler und Professor Peter Waibel demonstriert nun schon seit Jahren in eindrucksvoller Manier, wie eigenständig kreativ diese Maschinen sein können. Dies ändert aber nichts an unserer Feststellung, weil sie das kreative Potential des Menschen nicht berühren.

Ein weiterer Streitpunkt ist das Umsetzen von visuellen Eindrücken in Sprache. Auch hier spricht Minsky von hierarchischen Verarbeitungsmustern in verwinkelten Gehirngängen. Sinneseindrücke werden über W- und Ü-Linien so miteinander gekoppelt, daß sie in die rationale

Logik der Sprache passen. Es gibt ein schönes Beispiel, wie begrenzt Minskys Globaltheorie auch in dieser Hinsicht ist. Das Ideogramm als zusammengesetztes chinesisches Bildzeichen ist mehr als die logische Addition seiner Einzelteile. Zum Beispiel ergibt die Überlagerung von Sonne und Baum das Ideogramm für Osten. Denn „wenn die Sonne aufgeht, scheint sie durch das Geäst der Bäume. Sie geht immer im Osten auf. Also meint dies Osten." Es kommt also auf die Interaktion der Einzelteile an, in unserem Fall Sonne und Baum. Dabei spielt sehr viel mehr eine Rolle, was dahinter steht, was sich dahinter bewegt, als nur zu behaupten, irgendwelche Agenten verknüpften zwei Gedanken zu einem. Der Japanosinologe Fenellosa hat dazu treffend bemerkt: „Die Dinge sind nur die Endpunkte oder besser die Schnittpunkte von Vorgängen, Trennschritte durch Vorgänge, Momentaufnahmen."

Geradezu wie Schulbuben vor dem gestrengen Lehrer stehen Minsky und seine Mitstreiter vor der Welt der Gefühle und der Liebe. Doch Minsky paßt sie, ganz seiner Theorie verpflichtet, gnadenlos in sein Konzept ein und bezeichnet sie als „Abarten von Gedanken, deren jede auf einer anderen Gehirn-Maschine basiert, die sich auf eine bestimmte Denkdomäne spezialisiert hat".

Das heißt auf Normaldeutsch, daß wir die ganze Palette von Furcht, Haß und Ärger bis zu Lust, Gier und Liebe ganz bestimmten Denkfiguren zuordnen können. Hier bricht nun mein Verständnis für Minsky endgültig ab, wäre doch die logische Konsequenz daraus, daß wir die üppige Vielfalt der menschlichen Literatur und Kunst auf einige wenige Denkfiguren zurückführen könnten, was einem Faustschlag in die Gesichter von Aristoteles bis Picasso gleichkäme. Ganz zu schweigen von der Liebe, dieses unendliche Thema in Kunst und Literatur. Minsky tut ja gerade so, als ob er die Grammatik der Gefühle und der Liebe ein für allemal enträtselt hat. Hat er denn noch nie einen Blick in die Welt der Leidenschaft und der Liebe getan?

Minsky macht es sich außerdem etwas zu leicht, wenn er die authentischen Gefühle ausschließlich bei Kindern vermutet, nur weil wir in unserer Entwicklung zu erwachsenen Geistern so umgemodelt werden, daß wir die Empfindungen, die uns als Kinder bewegten, nicht mehr verstehen können. Deswegen seien alle Erwachsene Gefühlskrüppel, die nur auf dem Weg zurück in die Kindheit verstünden, was Gefühle bedeuten.

Ein Beispiel: Minsky sieht in Zuneigung und Ärger oft nur eine soziale Münze zum Tausch gegen andere Gefälligkeiten. Man wuchert mit dem Pfund Zuneigung, um bestimmte Ziele zu erreichen. Man transformiert also Gefühle in Bedeutungsbereiche, in denen sie nicht mehr als authentisch angesehen werden können. Man könnte gleich sagen: Die ganze Welt ist verlogen und verkommen. Dem will ich überhaupt nicht in aller Vehemenz widersprechen, aber doch zu bedenken geben, daß es viele Signale von Liebe und Hoffnung in dieser Welt gibt, die aus einer Urkraft erwachsen und nicht das Ergebnis rationaler Denkschleifen sind.

Sie werden sich fragen, was der PC mit dieser Diskussion zu tun hat. Ich denke eine ganze Menge, und das aus zwei Gründen:

1. Der PC ist ein Werkzeug, mit dem man die Infrastruktur seines beruflichen und privaten Lebens erleichtern und verbessern kann.

2. Der PC bleibt daher als Schuster bei seinen Leisten und kümmert sich ausschließlich um ein optimales Informationsmanagement. In den Spekulationen über die Künstliche Intelligenz hat er nichts zu suchen.

Das Ziel der Forschung auf dem Gebiet der Künstlichen Intelligenz ist die Entwicklung von Computern, die Aufgaben übernehmen, zu deren Erledigung der Mensch Intelligenz einsetzt. Der PC beschränkt sich auf den Bereich Darstellen, Berechnen und Zusammenfügen von Zahlen und Buchstaben. Vermutungen und plötzliche Eingebungen sind nicht sein Metier. PCs haben kein Bewußtsein, noch verfügen sie über Gefühle und Motivationen. Hoffnung, Angst, Trauer und Motivation gehören untrennbar zum Mensch-Sein, aber nicht zur PC-Welt.

Auch wenn von Minsky und seinen Anhängern noch so standhaft behauptet wird, daß man zu jedem Problem einen Computer konstruieren kann, der die gestellte Aufgabe löst, muß man die kreative Welt der Künste und der Dichtung davon abspalten. Künstliche Intelligenz ist daher nur ein stark vereinfachter Ausschnitt dessen, was menschliche Intelligenz ausmacht. Ein Physikprofessor, der über 20 Jahre lang seinem Forscherdrang ergeben war, verliebt sich plötzlich in eine hübsche Studentin. Lassen Sie sich von Marvin Minsky dieses Phänomen erklären. Letztlich kann er es nicht, weil es mit logischer Kohärenz nicht beurteilt werden kann.

Ein ganz anderer Aspekt, und hier wollen wir unsere kritische Haltung gerne aufgeben, ist der technische Einsatz von Computern. Die C-Techniken CNC, CAD, CAM und CIM werden dafür sorgen, daß traditionell für den Menschen harte Produktionsbedingungen automatisiert werden. Mit CAD (Computer Aided Design) können Pläne für Werkstücke hergestellt werden. Die Produktionsmaschinen laufen dann mit CAM (Computer Aided Manufactory)-Software. Mit CIM (Computer Integrated Manufactory) können ganze Fabriken über eine eigene Software gesteuert werden. Die C-Techniken führen zu vollautomatisierten Fabriken, wodurch die moderne Industrie effektiver arbeiten kann. Dort agiert man heute mit Just-in-Time-Modellen, das heißt, man produziert nach dem tatsächlichen Bedarf. Eine überflüssige Lagerhaltung soll damit vermieden werden. Dies wird eine neue Generation von Computern erst ermöglichen und damit der gigantischen Energieverschwendung durch Überproduktion einen Riegel vorschieben.

Der Mensch steht im Mittelpunkt. Das bedeutet eine Art von Zusammenleben zwischen Mensch und Maschine zum gegenseitigen Nutzen. Und obwohl der Mensch von Natur aus ein fehlerhaftes Wesen ist, darf man davon nicht ableiten, daß er von der Maschine ersetzt werden soll. Der berühmte Computerfachmann Joseph Weizenbaum meint dazu: „Menschen machen eben Fehler, weil sie unter immer größeren Druck geraten, denn die Maschinen und Computer arbeiten so schnell und verlangen daher nach immer schnelleren Aktionen.“ Dies heißt im Klartext, daß wir uns zu Sklaven der Computer machen, die uns zu immer größerer Eile antreiben. Der PC, und ich habe es ausführlich in diesem Buch beschrieben, kämpft auch gegen diesen Hochgeschwindigkeitswahn an, weil man mit ihm eine eigene Form der Langsamkeit wiederentdecken kann. Er nimmt uns mühevolle, langwierige Arbeitsschritte ab, so daß wir wieder Zeit finden, in Ruhe und Gelassenheit der eigenen Kreativität auf die Spur zu kommen.

Der Mensch steht im Mittelpunkt. Die Computerforschung sollte darauf abgestimmt werden. Viele Wissenschaftler denken heute gar nicht daran, wer ihre Erfindungen ausschlachtet und weiterentwickelt. Wenn man beispielsweise im Bereich der Künstlichen Intelligenz dem Computer das Sehen „beibringen“ will, so muß allen klar sein, daß dieses Sehen auch zum Steuern von Waffen verwendet wird. Eine Cruise Missile wird heute optisch so gesteuert, daß sie sich selbst navigiert, weil sie das Land sieht, das sie überfliegt. Der Endzweck der Rakete ist die Zerstörung. Der Golfkrieg hat mit grausamer Konsequenz ans Tageslicht geführt: Ein Raketenabschuß auf einem Videomonitor unterscheidet sich kaum mehr vom Bildschirm in einem Militärbunker. Computertechnologie ist deshalb nicht wertneutral, auch wenn viele Wissenschaftler sich das insgeheim wünschen würden.

Der Mensch steht im Mittelpunkt. Dies bezieht sich auch auf den vieldiskutierten Datenschutz und den möglichen Abbau von Bürgerrechten. Die gläserne Gesellschaft mit ihrer umfassenden Informationsfreiheit, die in diesem Buch so vehement gefordert wird, hat im Alltag selbstverständlich dort seine Grenzen, wo die Individualrechte des Bürgers beschnitten werden können. Wir haben die Diskussion über die AIDS-Meldepflicht oder die letzte Volkszählung noch im Ohr. Hier transportiert und verfügt man über Daten, die in die persönliche Sphäre des einzelnen eingreifen. Sie gilt es zu schützen. Insofern ist der freie Datenverkehr überall dort unmöglich, wo ein Öffentlichmachen einen Eingriff in die Persönlichkeit des Bürgers darstellt. Wer sich darüber hinwegsetzen will, handelt aus der Gewalt seiner Macht heraus, setzt diese aber nicht zum Wohle der Menschen ein.

Lassen Sie mich zum Abschluß noch kurz beurteilen, was da im Moment so alles auf den Weg zur perfekten Maschine gebracht wird. Das wird mir erlauben, auf die eingangs gestellte Frage „Künstliche Intelligenz – Beelzebub oder Retter?“ die passenden Antworten zu finden.

Der Turing-Test, benannt nach seinem Erfinder Alan Turing, sagt: „Stelle als Mensch einem Computer Fragen. Erhälst du Antworten und bist nicht in der Lage festzustellen, ob eine Maschine oder ein Mensch geantwortet hat, so kann man der Maschine (Computer) Intelligenz nachsagen.“ Turing, der oft als Vater des Digitalcomputers bezeichnet wird, bezog sich dabei aber auf das formale, logische Denken. Heute werden seine Ideen zur Anwendung gebracht. Wagen wir einen klitzekleinen Blick zurück nach vorne:

Perfekte Roboter im Jahr 2000

Bereits im Jahr 1747 schrieb ein Franzose namens Lamettrie eine Abhandlung mit dem Titel „Der Mensch, die Maschine“. Seine Idee war die Abbildung des Menschen und seine Denkfähigkeit auf mechanischem Wege. Diese Vision eines Roboters, der dem Menschen in seinen Fähigkeiten gleichkommt, ist bis heute ein Sisyphus-Traum. Heute hat man diese Pläne ad acta gelegt, gleichwohl man in Teilbereichen – beispielsweise beim Nachbau einer menschlichen Hand – schon gute Fortschritte erzielt hat.

Der Roboterspezialist Hans Moravec bemerkte unlängst dazu: „Je mehr wir versuchten, menschenähnliche Maschinen zu bauen, um so mehr bewundern wir das, was einen Menschen ausmacht. Das Problem, einen künstlichen Menschen zu schaffen, ist viel schwieriger, als wir zunächst annahmen.“ Es ist diesen Forschern zu wünschen, daß es dabei für immer bleibt. Der letzte Erkenntnisstand gibt mir in dieser Hinsicht auch Hoffnung.

Nichtsdestotrotz sind Unternehmen, die sich auf C-Technologien spezialisiert haben, ihrem Ziel der vollautomatisierten Fabrik schon ein gutes Stück näher gekommen. Der PC steht auch hier im Mittelpunkt, weil er durch CAD-Programme zum Konstruktionstisch wird. Von hier aus werden die Fertigungsdaten direkt zu den Produktionsmaschinen weitergeleitet. Noch fehlen einige Puzzleteile zur Vollautomatik in der Industrie, doch wir sind nicht mehr weit davon entfernt. Schon spricht man davon, daß dem PC der Personalroboter folgen wird – ein technischer Sklave, der in unseren Diensten steht, der unseren Alltag erleichtert und die Bürde übernimmt, die uns in der persönlichen Bewegungsfreiheit begrenzt.

Meines Erachtens gibt es letztlich zwei Möglichkeiten, auf die wir uns unaufhaltsam zubewegen. Erstens wird der Mensch in absehbarer Zeit überflüssig sein, weil die Computer der zehnten oder zwölften Generation die Herrschaft auf diesem Planeten übernehmen. Dies wäre die schöne neue Welt, in der der Mensch als „Dinosaurier" sein Gnadenbrot fressen könnte, während Supercomputer die Geschicke der Erde lenkten. Die Chancen für dieses Szenario stehen aber nur dann günstig, wenn zügel- und verantwortungslos weitergeforscht wird, ohne die geistigen und moralischen Folgen zu bedenken. Wer uneingeschränkt den technischen Fortschritt auf Teufel komm raus glorifiziert, der begibt sich auf eine Reise, an deren Ende neue Geschöpfe entstehen.

Zweitens wird der Mensch in Zukunft die Zügel in der Hand halten, wenn er Künstliche Intelligenz und PCs als Werkzeug benutzt, um sein Leben im weitesten Sinne zu erleichtern. Die Roboter sollen uns ruhig lästige Arbeit abnehmen, sie sollen uns aber nicht ersetzen dürfen. Ziel sollte nicht die Welt der britischen Philosophin

Margret Boden sein, die den Menschen in der Zukunft frei von jeder Fronarbeit den ganzen Tag lang spielen, tanzen und mit anderen kommunizieren sieht. Dies wäre kein Paradies, sondern der Anfang vom Ende. Wer die Computer allerdings gezielt für Mensch und Umwelt einsetzt, der wird seine inneren und äußeren Lebenswelten besser gestalten können.

Sprechen im Jahr 2000

Viele Computerbenutzer kennen das frustrierende Erlebnis, wenn sie ihre Befehle falsch eingegeben haben und nicht mehr weiterkommen. Die PCs heute erklären dem Benutzer seine Fehler und führen ihn wieder auf den richtigen Weg zurück. Das soll noch verbessert werden. So gibt es in den USA bereits Firmen, die Vorverarbeitungssysteme für Sprachprozessoren anbieten. Sie stellen eine Art Schnittstelle zwischen Anwender und Datenbank dar. Der Anwender findet durch einfache Sätze Zugriff auf die Datenbank. Diese kognitiven Systeme ziehen zusätzlich Rückschlüsse und Folgerungen.

Computer, die sprechen, aber auch hören und sehen können, sind nicht mehr Zukunftsmusik, sie existieren bereits heute. Ihr Einsatz lohnt dann wieder, wenn er Mensch und Umwelt gleichermaßen dient. In Japan wurde etwa eine Roboterhand entwickelt, die für Arbeiten in der Brennkammer eines Kernkraftwerkes vorgesehen ist. Die nächste Generation kann vielleicht schon, mit feinem Tastgefühl ausgestattet, zarte Textilien bearbeiten. Und wenn man sich vorstellt, wie wichtig sprechende und tastende Roboter im Einsatz zum Schutz der Umwelt wären – ich verweise nur auf die Behandlung von Giftmüll –, so wird man den Einsatz dieser Roboter gar nicht mehr abwarten wollen.

Aber auch hier gibt es eine Kehrseite der Medaille. Der Roboter und Computer darf kraft seiner Fähigkeiten nicht die Gestaltungsmacht im Staate übernehmen, weil der Mensch sonst aus der Evolutionsbahn fliegt. Ich brauche mich nicht zu wiederholen.

Experten-Systeme zum Nutzen der Menschen

Experten-Systeme sind Maschinen, die so denken und begründen, wie es ein Experte in seinem Bereich tun würde. Ihren produktivsten Einsatzort haben diese Systeme heute in der Medizin, speziell in der Diagnoseforschung. Zuerst erfragt man die Symptome und alle sonst notwendigen Daten eines Patienten, die dann zur Überprüfung in eine Datenbank gegeben werden. Dort wird die Krankheit durch den Computer diagnostiziert. Ein bekanntes System dieser Art arbeitet am Allgemeinen Krankenhaus in Wien. Es heißt CADIAG-2 (Computer Assisted Diagnosis, Version 2) und ist auf Rheumakrankheiten spezialisiert. Die Trefferquote des Computers liegt zwischen 80 und 95 Prozent. Experten-Systeme gelten als die wichtigsten Arzthelfer in der Zukunft. Mit ihnen erweitern sich auch die Möglichkeiten des Hausarztes erheblich, kann er doch bereits in der Früherkennung von Krankheiten erfolgreicher tätig sein.

Experten-Systeme stehen ebenfalls in der von mir beschriebenen Dialektik. Sie werden zwar unsere Denkleistung nicht ersetzen können, sie jedoch bestens unterstützen. Sie sind gute Assistenten und Helfer, mehr aber nicht. Dies gilt es zu berücksichtigen. Wenn sie allerdings zu militärischen Zwecken eingesetzt werden – und hier gibt es eine ganze Bandbreite von Möglichkeiten –, dienen sie nicht mehr ihren angestammten, lebenserhaltenden und -verbessernden Zwecken. Dann degradiert der Computer den Menschen zum Sklaven. SDI oder der Krieg der Sterne ist ein solcher Tummelplatz von Beelzebuben.

Ich möchte daher mit Goethes Gedicht des Zauberlehrlings schließen, das auf ganz besondere Weise wieder an Aktualität erfahren hat. Die Konsequenz dort lautet:

„Herr, die Not ist groß,
die Geister, die ich rief,
werd' ich nun nicht mehr los!"

Die Künstliche Intelligenz ist per se weder Retter noch Beelzebub. Es kommt darauf an, die Geister zu rufen, die einem helfen, das Leben zu bewältigen und zu meistern. Der Mensch und der Schutz der Umwelt stehen dabei im Mittelpunkt. Dort ist sozusagen das Wirkungsfeld der positiven Geister. Einer davon ist der PC mit seinen beschriebenen Auswirkungen auf unsere Zukunft.

Die Not wird allerdings wirklich groß sein, wenn wir Geister rufen, die uns zu Dienern und Sklaven degradieren. Dann wird der Mensch zur Randnote in der Evolution abqualifiziert und von neuen Wesen und Geistern abgelöst werden, die die Macht auf diesem Planeten übernehmen werden. Nur dann würde Goethes Zauberlehrling zum Protagonisten der globalen Menschenvernichtung. Es ist die Aufgabe aller an der Entwicklung der Computer Beteiligten, dafür zu sorgen, daß diese Zukunft verhindert wird.

Ich will hier nicht dem Paradies auf Erden, das durch den PC kommen wird, das Wort reden. Dem friedlichen, menschen- und umwelterhaltenden Einsatz des PCs in der Zukunft fühle ich mich verpflichtet.